새로운 날개

나딤

새로운 날개

지은이: 손동관
초판일: 2004년 9월 15일

펴낸이: 최송구
펴낸곳: 도서출판 나됨
http://www.nadoem.co.kr
주소: 서울시 은평구 산서동 361 삼부 406호
전화: 02) 373-5650, 016-771-5650
팩스: 02-372-5650
등록번호: 제8-237호
등록일자: 1998. 2. 25
편집·제작 책임: 김이리

값: 8,000원

저자와의 협약하에 인지를 생략합니다.
ISBN 89-88146-50-6 03230

신/앙/간/증/집

새로운 날개

손동관 집사

추천의 글

하나님이 주신 선물

광진교회 담임목사 민경설

"오직 여호와를 앙망하는 자는 새 힘을 얻으리니 독수리의 날개 치며 올라감 같을 것이요 달음박질하여도 곤비치 아니하겠고 걸어가도 피곤치 아니하리로다"(사 40:31).

평소에 아끼고 사랑하는 손동관 집사님이 금번에 '새로운 날개'라는 간증집을 내게 된 것에 대해 하나님께 감사하지 않을 수가 없습니다. 손동관 집사님 가정을 처음 만난 지가 3년 전이었는데 그때의 힘들어하고 지쳐 있는 모습이 아직도 선합니다. 그러나 지금은 너무나 은혜로운 모습으로 바뀌어져 있습니다. 목회자로서 영혼이 살아나고 생명이 힘을 얻는 것을 볼 때마다 많은 보람을 갖습니다. 물론 교회 여러 곳에서 봉사를 잘 감당하고 있는 것은 당연한 일입니다.

'새로운 날개'라는 간증집을 낸다며 원고를 주기에 읽어보았습니다. 처음엔 어떤 간증이기에 출간까지 하려고 하나 염려 반, 호기심 반으로 읽어 내려갔습니다. 그런데 첫 장을 넘긴 순간부터 끝까지 손을 뗄 수가 없었습니다.

글 하나하나가 말 하나하나가 만들어내는 아름다움과 감동, 그리고 은혜로움에 깜짝 놀랐습니다. 무엇보다 요즘은 가족이라는 공동체가 조그마한 어려움에도 쉽게 무너지는 현실인데, 손 집사님의 간증집에는 가족간의 뜨거운 사랑으로 어려운 순간들을 헤쳐 나가는 모습이 눈물겹도록 정겨웠습니다.

'새로운 날개'는 분명 하나님이 주신 선물이었습니다. 이 간증집을 읽는 분에게도 분명 하나님께서 독수리의 날개 치며 올라감 같은 새로운 날개를 달아주시리라는 확신을 갖고 기쁜 마음으로 추천하는 바입니다.

다시 한 번 사랑하는 손동관, 김현경, 영지, 원지, 집사님 가정에 동행해 주신 하나님께 감사드립니다.

2004년 8월 29일

추천의 글

주님의 손을 통해 서로 나누면

늘사랑교회 담임목사 정영기

예수 그리스도를 믿고 크게 변화되고 성장하며 열심히 주의 몸된 교회를 위해서 헌신하시고 사회적으로도 큰 성공을 거두신 손동관 형제님께서 조심스럽게 반(半) 자서전적인 책을 이 세상에 내어놓은 것을 기쁘게 생각합니다.

그로서는 자기 자신에 관한 무엇을 이야기한다는 것이 조금 이를지도 모른다는 두려움 때문에 퍽 망설였을 것입니다. 그러나 보잘 것 없는 다섯 개의 떡과 두 마리의 물고기를 예수님께 내어놓았던 어린 소년의 심정으로, 비록 평범한 것이라도 주님의 손을 통해 서로 나누면 놀라운 기적이 일어날 수 있다는 소박한 믿음 때문에 한 장 한 장 써 내려갔을 것입니다.

아마 이 책을 손에 들면 그 누구라도 쉽게 놓지는 못할 것입니다. 그의 고백에는 진국이 흐르고 있고, 하나님의 은혜를 누군가와 나누고 싶은 간절함으로 가득 차 있습니다.

이 책에서 그는 분명히 자기가 경험하고 터득한 것들을 진솔하게 말하고 있습니다. 그러므로 이 책을 읽으시면서 저자의 생각과 느낌에 흠뻑 젖어드시기를 바랍니다.

어떤 인물이 하나님의 은혜를 받고 그의 손에 붙들려 쓰임받기까지는 나름대로 독특한 과정을 통하지 않으면 안됩니다.

저자는 제가 섬기는 조그마한 개척교회인 늘사랑교회에서 참으로 성실하고 충성스러운 봉사와 헌신의 세월을 보내셨고, 배우고 들은 하나님의 말씀을 따라 그대로 실천하신 분입니다. 지극히 작은 일에 충성하신 분이십니다. 하나님은 이러한 저자의 모습을 보시고 큰 복을 주시고 들어 쓰시는 것이라 확신합니다.

저자가 몸담았던 환경과 걸어온 삶의 여정 속에서 경험했던 여러 가지 일들은 어느 것 하나 자연히 생긴 것도 없었고 우연히 찾아온 것도 없었을 것입니다. 모든 것이 하나님의 목적을 위해 허락된 하나님의 섭리적인 간섭이 있었을 것입니다.

우리는 그의 삶의 이야기 속에서 섭리하시는 하나님을 만나게 될 것입니다. 그리고 그가 전한 메시지는 여기저기에서

땀과 눈물을 흘리며 삶에 도전하는 많은 분들에게 진한 감동을 줄 것입니다.

그러나 저자는 아직 젊습니다. 그의 사역도 이제 건물의 골조를 세워 놓은 공사현장과 흡사하다고 볼 수 있습니다. 그가 앞으로 완성시킬 건물이 어떠할지 정말 기대가 됩니다.

2004년 8월 28일

책 머리에

소박한 밥상을 차리며…

리 가족은 고등학교 2학년인 큰딸과 중학교 2학년인 막내딸, 그리고 사랑하는 제 아내와 저입니다. 이렇게 4명이 단란한 우리 가족의 전부입니다. 현재 저는 중소 벤처기업 IT 사업부에서 일하고 있습니다.

사랑하는 당신에게

당신을 만난 지 벌써 18년이 되었습니다. 지금까지 쉬지도 못하고 가족을 위해 헌신적으로 고생하는 당신을 볼 때마다 정말 가슴이 미어집니다. 수많은 사람들 중에 당신과 내가 하나 되어 지금 이렇게 살아가고 있다는 것을 하나님께 감사 드리고 싶소. 이 세상에서 가장 아름답고 예쁜 당신을 내가 만나, 철없던 유학시절부터 지금까지 18년 동안 이렇듯 건강하게 살아 있다는 것 또한 당신께 감사드립니다.

당신은 나의 영원한 파트너이며 나의 친구입니다.

영지, 원지 보아라

아빠는 너희들을 볼 때마다 얼마나 미안한지 모르겠구나!
바쁘다는 핑계로 너희들과 자주 마주하지 못하니 말이다.

▲ 사랑하는 나의 가족

너희들이 살아가야 할 길은 정말 험하고 먼 길이란다. 그러나 지금처럼 건강한 생각으로 나보다 남을 먼저 배려하면서 올바르고 착하게 자라다오.

이 아빠의 작은 소망이라면, 너희들이 이 다음 살아갈 그 험한 길을 아주 지혜롭게 살아갈 수 있는 그 터전들을, 하나씩 성실하게 준비해 나갔으면 한단다.

이 사회의 빛과 소금 같은 사람이 될 수 있도록 노력해 다오. 아빠는 영지, 원지를 이 세상 무엇 금은보화와도 바꾸지 않을 것이란다. 이유는 말하지 않아도 잘 알 것이라고 생각한다. 너희들이 엄마 아빠보다 더 지혜롭게 자라고 있는 것을 하나님께 감사드린다.

저의 이야기를 펴내기까지 정말 많은 고민을 했습니다. 가족들에게 쓴 편지를 보시면 당장 아시겠지만 참 못난 남편이고, 아빠였습니다. 그 동안 저의 삶의 여정은 바람이 불면 바람 부는 대로, 강가에 가서는 강물이 흐른 흔적들을 쫓아가면서 살았습니다.

그러나 어린 시절의 철부지 시절이 끝나고 어느새 어른이라는 꼬리표를 달게 되었을 때, 늦게나마 깨달은 것들을 다른 분들과 나누고 싶다는 생각에 '소박한 밥상'을 차려 보았습니다.

모든 것을 버리고 맨발로 이 땅을 걷는 생각이 들 때가 있었습니다. 그러나 다시 시작할 수 있는 용기를 가질 수 있었던 것은, 그 동안 겪었던 많은 시행착오들과 거기서 포기하지 않고 다시 도전하는 자만이 성공할 수 있다는 믿음이었습니다. 물론 주위에서 희망을 건네준 사람들의 따뜻함이 가장 큰 밑거름입니다. 그런 여러분들과 함께 둘러앉아 그 동안의 이야기를 풀어내고 싶습니다.

저의 소박한 밥상에 당신을 초대합니다. 단, 진수성찬을 기대하신다면 큰 실망을 하실 겁니다. 명심하세요! 따뜻한 마음과 서로에게 희망을 건네고 싶은 분들은 누구나 초대합니다.

아직까지는 집안 살림이 경제적으로 퍽 여유가 있는 것은 아니지만, 그래도 서로를 쓰다듬을 수 있는 마음의 여유로움은 풍성합니다. 제 생이 길다면 길고, 또 짧다면 짧게 느껴질 수도 있는 시간입니다. 하지만 제가 20대 초반에 일본 유학을 떠나면서 일어난 삶의 여정들은 저를 무척이나 아프게 했습니다.

그러나 지금에서야 그 순간이 제가 숨쉬는 동안 힘을 낼 수 있는 자양분이 되어 주었음을 부인하지는 않습니다. 지금은 그 시절의 경험들을 누군가 억만금을 가지고 바꾸자고 해도 바꾸지 않을 만큼 소중하답니다.

저는 정말 하나님의 은혜로 힘들고 어려울 때 늘 나와 함께하시는 그분께 나의 모든 것을 하나하나 고백하는 심정으로 글을 쓰는 습관이 있습니다. 그렇게 쓴 글을 SBS 홈페이지 게시판에 연재로 올리기 시작한 것이 계기가 되어, 은혜 받은 독자들의 권유로 이렇게 책까지 발간하게 되었습니다.

제가 사랑하는 사람들뿐만 아니라 젊은 시절의 저처럼, 어디선가 울고 있을 그들에게 소박한 저의 이야기를 들려주고 싶습니다. 그리고 책 발간을 계기로 예전에 비해 생활이 편안해져 나태하지 않게 해 달라고 기도하고 싶습니다. 또한 저의 삶은 혼자만의 것이 아니라 더불어 살아가야 하는 것임을 확인해 보고 싶습니다.

오래 전 기억을 더듬으며….
2004년 8월 손동관

차 례

추천의 글 ✿ … 민경설 목사 ▶ 5
추천의 글 ✿ … 정영기 목사 ▶ 7
책 머리에 ✿ … 손동관 집사 ▶ 10

1장 꿈을 키우며 ✿ 19

1. 모두를 사랑합니다 ▶ 21
2. 아름다운 향기의 새싹을 틔우기를 ▶ 23
3. 소문난 말썽꾸러기 ▶ 25
4. 따뜻한 콜라 ▶ 33

2장 일본 유학 시절 ✿ 37

1. 유학, 그리고 나의 울림들 ▶ 39
2. 일본어 학교에 등록하다 ▶ 45
3. 기분 좋은 낯섦 ▶ 51
4. 옹알이를 넘어 ▶ 57

5. 한인교회에 나가다 ▶ 67
6. 익숙해지는 일본생활 ▶ 70
7. 새로운 출발선에 서다 ▶ 74
8. 학교의 시행착오 ▶ 88
9. 가슴 시리게 사랑하는 이를 위하여 ▶ 91
10. 차 한 잔의 여유로움 ▶ 101

3장 귀국, 사업을 시작하다 ✦ 111

1. 다시 한국으로 ▶ 113
2. 사업을 시작하다 ▶ 120
3. 우리의 날개를 찾기 위해서 ▶ 122
4. 큰아버지가 돌아가시다 ▶ 131
5. 장인어른이 돌아가시다 ▶ 134
6. 빚보증 때문에 ▶ 136
7. 함께 가자, 우리 이 길을 ▶ 141

4장 시련, 또 시련 ✦ 145

1. 아내의 잘못된 투자 ▶ 147
2. 괴로운 여름휴가 ▶ 149
3. 어머님의 칠순잔치 ▶ 153

4. 아내를 잊고 살아야 한다면 ▶ 157
5. 서러운 아내의 목소리 ▶ 159
6. 우리의 날개 달린 소망아! ▶ 163
7. 마음을 열고 ▶ 166
8. 마음의 자유함 ▶ 169

5장 오직 주님만이 ▶ 175

1. 주님만이 나의 위로자 ▶ 177
2. 불어오는 어머니의 사랑 ▶ 182
3. 2004년 9월의 하늘은 어떨까 ▶ 185
4. 4남전도회 회장을 맡다 ▶ 193
5. 집을 팔려고 내놓다 ▶ 196
6. 2004년 1월, 빛이 보이다 ▶ 201
7. 연대보증 문제를 해결하다 ▶ 206
8. 새 회사로 출근하다 ▶ 211

■ 글을 마치면서 ▶ 213
■ 독자의 글 1 /박보현 ▶ 216
■ 독자의 글 2 /高木 ▶ 219

1장 꿈을 키우며

1. 모두를 사랑합니다 ▶ 21
2. 아름다운 향기의 새싹을 틔우기를 ▶ 23
3. 소문난 말썽꾸러기 ▶ 25
4. 따뜻한 콜라 ▶ 33

1. 모두를 사랑합니다

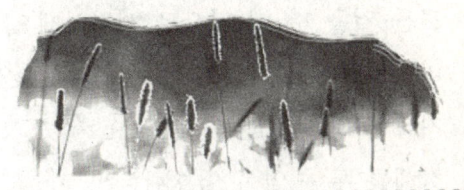

하늘은 높고 정말 파아란 색이네요.
아름다운 인생을 설계하세요.
참으로 아름다운 인생을.
즐거운 추억은 간직하세요.
참으로 즐거운 추억만을.
사랑을 많이 하세요.
정말로 많은 사랑을 하세요.
'우리 주위에 있는 모든 이들을 사랑하게 하소서.'
화난 일이 있어도 한 번 더 참아 보세요.
한 번만 더 참고 견뎌 보세요.
어려운 일이 있으면 한 발짝 뒤에서 냉정히 생각하세요.
이성을 잃지 말고 냉정히 생각하세요.

우리 모두 겸손합시다.

정말로 겸손합시다.

원망과 남 탓을 하지 마세요.

모든 것을 다 내 탓으로 생각하세요.

미뤄두었던 사랑의 고백이 있으세요?

지금 사랑한다고 고백하세요.

화해를 못한 일이 있으세요?

오늘 바로 화해하세요.

사업을 하신 분들은 꼭 성공을 해야 합니다.

'실패는 성공의 어머니'라는 옛말이 있는데 실패는 불행의 마귀입니다.

젊어서 고생은 사서도 한다는 말이 있는데요.

필요 없는 고생은 절대로 하지 마세요. 지금 제 나이 40대 초반인데요, 이 나이에 너무 많은 경험을 했습니다.

앞으론 그런 경험 절대로 안할 겁니다.

한번이면 족하거든요.

소원이 있다면… 아내를 여느 집의 아내들처럼 전업 주부로서 마음껏 취미생활도 할 수 있도록 해주고 싶어요. 그리고 저를 지금껏 지탱시켜 준 모든 이에게 감사드리며, 앞으로도 부족한 저의 선생님이 되어 주세요.

저도 정말 열심히 살 겁니다. 왜냐하면 우리의 보금자리도 더 아늑한 곳으로 옮기고 싶거든요. 모두를 사랑합니다.

2. 아름다운 향기의 새싹을 틔우기를

해가 뜨고 지는 24시간이 360여 번 반복하기를 또다시 6, 70번 반복하는 것이 삶이라고 한다.

그렇게 반복되는 일상을 나는 좀더 향기롭게 만들어 갔으면 좋겠다. 그리고 바람이 지나가기도 하는 날이면, 내가 품고 있던 향기의 씨앗이 다른 이의 가슴 속 따뜻한 체온으로 아름다운 향기의 새싹을 틔울 수 있기를 간절히 기도한다.

그러다 가끔은 길을 잃어 어디로 가야 할지 방향을 찾지 못하고 돌부리에 넘어지는 날도 있겠지만, 툴툴 털어 버리고 일어날 수 있는 힘을 준비할 수 있었으면 좋겠다.

20대 초반부터 시작된 9년간 일본 생활을 정리하고, 지금은 고국인 한국으로 돌아왔다. 일본에서의 생활은 예전의 삶의 방식과는 많이 달라져야만 했다.
  그 과정 속에서 여물어져 가는 나의 모습 중, 당신이 생각하시기에 향기롭다고 느끼시는 것이 있다면 당신에게 선물로 드리고 싶다. 그렇지 않은 것들은 여기 그대로 남겨 두어도 좋다.

3. 소문난 말썽꾸러기

나는 1962년 2월 10일, 시골에서는 소위 '부잣집'이라는 곳에서 태어나 굶주림과 부족함을 모른 채 마냥 행복한 어린 시절을 보냈다.

동네의 조그만 초등학교를 5학년까지 다녔고, 6학년이 되자 광주 시내로 유학을 왔다.

우리 5형제 모두가 광주로 유학을 왔다. 나에게는 내년이면 교회목사의 사모가 될 누나와 자영업을 하고 있는 형이 있고, 여행 가이드 일을 하고 있는 남동생과 유치원을 운영하고 있는 여동생이 있다. 나는 행복하게도 누나·형·남동생·여동생, 남들보다 사랑할 이들이 많이 있다.

일본으로 유학을 오기 전에는 동네에서 소문난 말썽꾸러기였다. 친구들과 우르르 몰려다니며 동네를 휘어잡고 다녔다. 그렇게 놀다 보면 또 친구들과 싸움 박치기도 하게 되고….

이러다 보니 부모님이 늘 원하시는 공부는 늘 뒷전이었다. 그래서 부모님은 장터를 나가시거나 동네 분들이 많이 모여 있는 곳에서 언제나 나를 향한 '좋지 못한 소리'를 많이 들으셨다.

하지만 학교에서는 선생님들이 너무나 잘해주셨다. 지금 생각하니 어머님 치맛바람의 위력이 엄청 컸던 것 같다.

조그만 시골에서는 우리 집이 제법 부자였고, 학교 설립에 많은 도움을 주신 분이 바로 우리 큰아버지였기 때문에 학교에서 말썽을 피워도 선생님들은 언제나 나의 편이 될 수밖에 없었다.

그리고 난 '공부 부분'만 빼면 부모님의 말씀을 아주 잘 듣는 아이였다. 학교에서 돌아오면 소를 위해 풀을 베고 들판에서 소에게 풀을 먹였다. 가끔은 들판에서 많은 동무들이 한데 모여 풀 먹이는 건 뒷전이 되어 버리는 경우도 종종 있었지만 말이다. 동무들과 함께 정신없이 뛰놀다 보면 어느새 해가 서산에 걸려 넘어갈 판국이다,

'아차!' 싶어 소를 보면 소의 배가 홀쭉하다. 이런저런 궁리 끝에 최후의 수단을 쓰기로 한다. 그것은 소를 물가로 끌고 가서 물을 억지로 먹이는 것이다. 물론 나는 우리 집 소가 너무 예쁘다. 그러나 어쩌겠는가? 소의 배가 홀쭉한 걸

부모님이 아시는 날에 나는 무사히 그날을 넘길 수가 없는 것을….

 그래도 언제나 그렇게 시간을 보내지는 않았다. 소에게 든든히 풀을 먹인 날에는 왠지 모르게 나도 따라 배가 부른 것 같았다. 그래서 집으로 돌아와서는 곧바로 일을 마치고 돌아오실 어머니의 손을 덜기 위해 고사리손으로 저녁밥을 지은 날도 있었다. 이런 날이면 우리 어머니는 천사처럼 다가오셔서 정답게 내 머리칼을 쓰다듬어 주셨다.

 고향 집 앞에는 '정자강'이 있었는데 강바닥이 훤히 보일 정도로 맑은 시냇물이 조용히 흐르고 있었다. 그렇게 조용한 공간이 우리에게는 누가 말해주지 않아도 '놀이터'였다. 동무들과 함께 멱도 감고 송사리며 피라미 등 강에 살고 있는 물고기는 모두 잡으려고 안간힘을 썼다.

 지금 생각하면 시원한 '매운탕'을 해 먹을 것도 아니면서 왜 그리 안간힘을 쏟아 부었는지 고개가 갸우뚱하지만, 그때의 추억은 아련하면서도 늘 그립다.

 물에서만 놀다 보면 몸이 갑자기 '부르르' 떨리며 순식간의 추위가 몰려온다. 그럴 때면 우리들은 햇살처럼 고운 모래 위에 '두꺼비집 짓기' 놀이를 즐겼다.

 그리고 전날 밤 낚싯바늘에 개구리를 끼워 해질 무렵 물가에 던져 놓은 것이 어떻게 되었나 궁금해서, 아침동이 트자마자 고무신이 벗겨진 것도 모른 채 당장에 그곳으로 달려갔다. 낚싯줄을 건져올릴 때면 지금도 잊혀지지 않는 쾌감을 느낄 수 있었다.

집 앞 맷등 거리엔 잔디가 뽀송뽀송 잘도 자랐다. 그 잔디 위에서 동무들이랑 나란히 누워 꿈을 키웠다. 동무들과 숨바꼭질이라도 하면 행여 빨리 발각될까, 어둡고 깊숙한 짚덤불 속에 숨어 있다 잠이 들어 깨어 나와 보면 한밤중이 되어 있을 때도 있었다. 정말 마음껏 뛰놀았다.

이런 나의 고향 보성군 노동면 금호리를 뒤로하고 광주로 유학을 왔다. 고향의 맑은 공기는 어디에도 찾아볼 수 없었다. 아침이나 저녁이나 쾌쾌한 연탄가스 냄새와 자동차 매연뿐이었다.

광주에서 초등학교를 졸업하고 중학교에 들어갔는데 정말 공부를 하지 않았다. 흔히들 학창 시절 이야기를 할 때 공부 부분을 얘기하면, "음, 보통 정도 했어요."라고 말한다. 나는 정말 공부와 담을 쌓은 학생이었다. 지금 생각해보면 왜 그리 공부를 하지 않았는지 이해가 안되지만….

그 당시의 나에게 공부는 중요한 문제가 아니었다. 그렇다고 학교에서 말하는 '문제아'는 아니었다. 수업을 빠지거나 수업시간에 장난을 치거나 하는 것도 아니었다. 겉보기에는 정말 '착한 모범학생'이었다. 그 당시 한창 유행이었던 교복을 쫄바지로 고쳐 입거나 모자를 남들처럼 고쳐서 쓰거나 하지도 않았다. 뭐하나 잘 나지도 않고 그저 평범한 중학교 2

학년 때 선생님이 물었다.

"장래 희망이 뭐지?"

그때 난 이렇게 대답했다.

"일본으로 가서 컴퓨터 공부를 해서 사업가가 되고 싶어요."

그때부터 난 일본유학을 꿈꾸어 왔다.

매주 주말에는 광주를 떠나 집으로 내려왔다.

완행열차 안에는 나와 같이 광주로 유학을 온 수많은 학생들로 아수라장이었다. 그러나 기차 안에서 시달리는 것보다 고향에 가는 기쁨으로 얼굴은 웃음으로 가득했다.

광주에서 2시간을 달려 광곡역에서 내려 10리 길을 걸어가야 우리 집이 나왔다. 10리 정도 되는 비포장 길을 걷다 보면 보성에서 학교를 다니던 친구들을 한두 명 만나게 되는데, 그 친구들은 내가 광주에서 학교를 다닌다는 것을 조금은 부러워했다. 그래도 오랜만에 만나 그 동안의 이야기를 하면 금세 그 부러움은 사라지고 정다움만이 우리와 함께했다.

비포장 길에 가끔 지나는 자동차가 흙먼지를 가득 일으키고 달리면, 신작로 양쪽으로 몸을 돌려 세워 먼지를 피하곤 했다. 자동차가 일으킨 흙먼지 내음이 그렇게 싫진 않았다. 광주에서는 맡을 수 없기 때문이었다.

가을이 되자 코스모스가 만발하였고 논은 누렇게 익은 벼들이 황금물결을 이루어 춤추고 있었다. 고향의 자연 경관에 흠뻑 취한 채 또 부모님을 만난다는 것이 마냥 즐거워 다리가 아픈 줄도 모르고 길을 걸었다.

저 멀리 산 위에 붉게 물들어 있는 노을과 하늘이 정말 아름다웠다. 가을 길을 걸을 때 행여 여자친구들이라도 만나면 아무 말도 하지 못하고 싱긋 어색한 웃음을 지어 보이고, 서로가 부끄러워 얼굴이 달아오르는 바람에 손에 땀을 쥐며 길을 걸었다.

저 멀리 보이는 우리 집의 굴뚝에서는 저녁밥을 짓느라 연기가 무럭무럭 피어오르고, 대문에 들어서자마자 내가 풀을 먹이던 누렁이가 날 반겨주었고 구수한 된장국 내음 또한 나를 반겼다. 전기를 아끼시느라 그리 밝지도 않은 전깃불 아래서 어머니가 지어주신 저녁을 먹을 때는 소박한 밥상이지만 세상 어느 진수성찬이 부럽지 않았다.

어머니 곁에서 하룻밤을 자고 나면, 어머니는 새벽 일찍 일어나셔서 광주에서 우리가 먹을 반찬들을 이것저것 챙겨서 싸주셨다. 아침에 하루에 한번 나가는 버스를 타기 위해 나올 때는 항시 어머니가 같이 나와 주셨는데 버스가 도착해 어머니와 헤어질 때는 언제나 아쉬움이 가득 남아 부끄럽게도 눈시울이 빨개지곤 했다.

광주로 돌아오는 기차 안은 반찬이 들어 있는 보자기에서 새어 나오는 어머니의 포근한 사랑의 향기로 가득했다.

그럭저럭 중학교를 마치고 고등학교에 들어가서도 공부에 뜻이 없는 것은 마찬가지였다. 그러나 부모님께서는 당신이 하지 못한 '공부의 한'을 푸시기 위해 자식들에 대한 교육의 열정이 너무나 높으셨다.

부모님은 우리가 생활하는 데 아무 부족함이 없도록 뒷바라지를 해 주셨다. 10리가 넘는 길이라도 쌀을 짊어지고 또 걸어서 기차역까지 오셨다. 우리가 자취생활을 하는 광주까지 쌀과 반찬가지들을 퍼 나르셨다. 당신들은 드시고 싶은 것도 안 드시고, 입고 싶으신 옷도 안 사 입고 그저 우리 자식들을 위해 헌신하셨다.

▼ 늘 아낌없이 주셨던 부모님

내가 광주로 전학 가던 날, 어머님이 마루에 앉아 흐느끼시는 것을 보았다. 아직 어머니 눈에는 자식들이 어린아이로만 보이셨던 것이다. 그러나 이곳보다 더 좋은 환경에서 공부하도록 하고 싶은 마음과 당신의 마음이 아픈 것을 아무도 모르게 혼자 쓸어내리고 계셨던 것이다.

부모님은 내가 부족한 과목을 과외를 통해 채워 주시려고 집에서 과외선생님을 모시기까지 했다. 내 방에는 대형 흑판이 항상 준비되어 있었다.

▲ 아버님의 생신 때 매형이 목사님이신 광주 예마본교회에서

과목별로 선생님들이 우리 집에 와서 나를 가르치셨다. 그런데도 공부는 지독하게도 하지 않았다. 공부는 정말 남이 대신 해줄 순 없는 것이었다.

지금 생각하니 과외선생님들이 나 대신 열심히 돈 받아가며 공부를 하셨던 것 같다.

과외공부를 많이 해서인지 학교에서 수업시간에 선생님이 설명을 하시면 정말이지 다 알아들어 모르는 것이 없는 것 같아도, 막상 시험을 보면 답을 쓸 수 있는 것보다 쓰지 못하는 것이 더 많았다.

그 시절, 나는 정말 한심한 녀석이었다. 고등학교 때는 공부는 안했지만 친구들에게 인기가 좋아 3년 동안 줄곧 학급 반장을 했다. 그러니 남들 보기엔 정말 모범생이었다.

4. 따뜻한 콜라

고3 때 예비고사 시험을 보던 날, 아버지께서 시험장에 오셨는데 정말 추운 날이었다.

점심때 시험장 교문에서 도시락과 콜라를 아버지한테 받아들었는데 나는 놀라지 않을 수 없었다. 아버지가 주신 콜라가 미지근했다. 아버지께선 내가 먹기에 차가울까 봐 콜라를 가슴에 품고 계셨던 것이었다.

'차가운 콜라를 마시면 안 될 텐데….'

내내 걱정하시다 콜라를 미지근하게 데울 수 있는 방법을 생각해 내신 것이다.

따뜻한 콜라, 내 생애 그런 콜라는 딱 한 번뿐이었다. 콜라에 담긴 아버지의 사랑은 정말 잊을 수가 없다.

그러나 예비시험의 결과는 아버지의 사랑에 전혀 보답해

드리지 못했다. 그렇게 공부를 하지 않았으니 대학은 오라는 곳이 없었다.

보기 좋게 대학을 낙방하고 시골에 내려갔다. 1년을 더 공부를 할까 마음먹었는데 선생님들이 반대를 많이 했다. 그렇게 기초 없이 그런 정신력으로 1년을 더 공부한들 앞날이 불 보듯 뻔했던 거였다. 선생님들은 아무 대학이나 들어가야 한다고 권유를 하셨다.

선생님 중 한 분이 후기대 원서를 내주셨다. 그분 덕분에 후기대 입학을 했다. 늦었지만 지금이라도 감사의 인사를 드리고 싶다. 하지만 언제나 나에겐 구체적인 이유는 불분명하지만, 반드시 유학을 가야 한다는 생각이 더욱 강하게 싹트고 있었다.

대학 1학년을 마치고 전투경찰에 지원을 해서 군에 입대했다. 28개월간의 군 생활을 마치고 제대를 하게 되었다.

2장 일본 유학 시절

1. 유학, 그리고 나의 울림들 ▶ 39
2. 일본어 학교에 등록하다 ▶ 45
3. 기분 좋은 낯섦 ▶ 51
4. 옹알이를 넘어 ▶ 57
5. 한인교회에 나가다 ▶ 67
6. 익숙해지는 일본생활 ▶ 70
7. 새로운 출발선에 서다 ▶ 74
8. 학교의 시행착오 ▶ 88
9. 가슴 시리게 사랑하는 이를 위하여 ▶ 91
10. 차 한 잔의 여유로움 ▶ 101

1. 유학, 그리고 나의 울림들

제 대를 한 후, 나는 드디어 유학을 떠났다.
공항에서 눈물을 보이시던 부모님을 나의 등뒤로 숨기고 일본행 비행기에 몸을 실었다. 비행기를 탄 내내 눈물 보이시던 부모님이 자꾸만 어른거려서 나도 모르게 눈물이 주르륵 흘러내렸다. 눈물로 시작된 나의 일본 생활은 이제 막 시작이었다.

한껏 부푼 마음으로 도착한 일본 땅 나리타 국제공항에 도착했다.
그렇게 오고 싶어했던 일본 땅에 유학을 왔건만 웬일인지 기쁘기보다는 답답함이 밀려 왔다. 왜냐하면 일본어를 전혀 모르고 갔으니 말이다.

공항 출구에서 일본 입국 이유를 물어 왔지만, 난 꿀 먹은 벙어리마냥 아무 말도 할 수 없었다. 담당원도 기가 막히는지 아주 간단한 영어 몇 마디를 건네고는 입국 허가를 내주었다. 안도의 한숨을 내쉬고 공항 출입국을 겨우 빠져 나왔다.

출구에는 많은 이들이 누군가를 마중 나온 듯했는데, 그 중에서 나의 이름을 큼직하게 쓴 이름표를 발견했다.

일본에는 큰아버지가 살고 계셨는데 마중을 나온 사람은 큰아버지의 아들이었다. 아주 어렸을 적 한번 만나 얼굴을 알아볼 수 있었지만, 말이 통하지 않으니 시종일관 우리는 어색한 미소를 지을 수밖에 없었다.

공항에서 차로 2시간 걸리는 동경에 큰아버지의 불고기 식당에 도착했다. 이 식당이 바로 내가 아르바이트를 할 곳이다.

가게에는 마스터 한 분이 계셨는데 연세가 80세 정도 되신 한국분이셨다. 고국에 아내와 자식을 남겨두고 젊은 시절 돈을 벌기 위해서 일본으로 오셨는데 일본생활이 힘들어 가보고 싶은 고향, 만나고 싶은 가족에게 가는 것을 자꾸만 미루다 지금까지 시간이 흘러가 버렸다고 목이 메인 음성으로 나에게 말씀하셨다. 그분의 고향을 난 몰랐지만 나와 한 고향이라고 하셨다. 그분이 나에게 고향 이야기를 꺼내자마자 두 눈에는 그렁그렁 이슬 같은 눈물이 고이셨다.

그 때부터 그분은 고향이 그리워서인지 나에게 이것저것 많이도 물으셨다.
"어디에 누가 살았는데 아직 그분 계신가?"
"학교 밑에 뭐가 있었는데 아직 있는가?"
우리 아버님도 잘 아시고 계셨는데, 서로 친분이 있으셔서 우리 집에도 자주 오셨다고 했다.

잠시 후, 나는 식당에서 일하면서 학교에 다니시고 계신 한국분을 소개받았다.
그분 역시 65세 정도로 아저씨로 식당에서는 사람들이 그분을 박씨 성을 가지신 분이라 '복상'이라 호칭했고, 박씨 아저씨는 일본에 오신 지 2년 정도 되셨다고 했다. 그분 역시 정말 힘들고 어렵게 생활을 하고 있었다. 그분은 일본에 들어오기 전에 한국에서 공무원 생활을 하시다 정년퇴임 하시고 일본에 오신 분이셨다. 체구는 마르고 작아 보였지만 아주 건강하신 분으로 식당에서 설거지를 하고 계신 분이셨다. 난 마스터 할아버지의 안내로 내가 생활할 아파트로 갔다.
내가 살 곳은 역전 '맨션'이었는데, 한국에서 맨션 하면 상당히 좋은 곳이라는 이미지가 있었지만 그곳에 도착해서 많이 실망했다. 방은 3개, 부엌·화장실·목욕탕이 있었는데 방 3개는 미닫이로 나누었을 뿐 원룸과 다름이 없었다.
그곳에는 나, 한국 유학생 한 명, 그리고 식당 마스터, 이렇게 3명이 생활할 곳이라고 했다. 짐을 풀어놓고 다시 식당으로 돌아와 일본에서 처음으로 맞는 저녁식사가 준비되어 있었다. 반찬은 구운 삼치 한 마리와 된장국, 간 무가 내 앞에 놓여 있었다.

'무 간 걸 어떻게 먹지?'

처음이라서 무척이나 궁금했다.

잠시 후, 간장을 조금 부어넣고 구운 생선과 같이 먹는 것이었다. 그렇게 먹으면 구운 생선을 먹을 때 속이 쓰리지 않다고 했다. 수저통에는 여러 가지 젓가락이 들어 있었는데 각자 주인이 따로 있었다. 내 앞에는 새로 준비한 예쁜 나무젓가락이 놓여 있었다.

말은 알아들을 수는 없었지만 홀에서 일하고 있는 일본인 아주머니가 나에게 앞으로는 이걸로 식사를 하라는 것 같았다. 나중에 알았지만 그 아줌마 이름은 '오오 따'였다.

오오 따는 나의 일본어 선생이 되어 주셨다. 저녁을 먹고 큰아버지 아들인 형과 차를 마시러 식당 앞에 있는 커피숍으로 가서 그냥 얼굴만 쳐다보며 커피를 한잔 마시고, 다시 식당으로 들어와 마스터 할아버지께 내일부터 무엇을 해야 하는지를 들었다.

그는 나에게 일본말 '가타가나'와 '히라가나'를 쓸 수 있는지를 물었다. 식당에서 일을 하기 위해서는 기본적으로 이 정도는 알아야 한다는 것이었다. 그 상황에서 모른다고 하면 일을 시켜 주지 않을 것 같아 "다 알고 있어요."라고 대답해 버렸다. 사실은 일본어의 '일'자도 모르는 상태였는데 말이다. 그 때를 생각하면 지금도 입가에 웃음이 난다.

식사를 마치고 숙소까지 박씨 아저씨가 동행을 해주셨는데 내가 필요한 살림살이를 준비해 주셨다. 책상과 책장, 그리고 의자 TV 등….

나를 데리고 간 곳은 아파트 쓰레기 처리장이었는데, 그곳에는 쓰다 버린 가전제품·가구 등이 보기 좋게 정리되어 있었다. 누가 책장을 버리긴 했는데 남이 가져다 사용할 수 있도록 깨끗이 닦아서 부속품은 비닐봉지에 넣어서 잊어버리지 않도록 잘 부착시켜 두고, 유리는 깨지지 않도록 별도로 잘 포장해 놓은 걸 보고 정말 많이 놀랐다. 내가 아닌 다른 사람이 사용할 수 있도록 여러 가지로 배려를 한 일본인들의 생활습관을 보고 우리와 많이 비교가 되었다.

쓰레기 처리장에서 필요한 물건을 주워 옆에 챙겨놓고, 바로 들고 들어가긴 좀 부끄럽다는 생각이 들어 우리는 늦은 밤에 방으로 나르기로 했다. 아저씨는 창피한 것이 아니라고 말씀하셨다. 유학생들은 대부분 그렇게 주워다 쓴다는 것이었다. 책상과 책장이 아직 사용할 만했다.

다음날 일본어 학교에 등록을 해야 하기에 박씨 아저씨에게 일본어 학교까지 같이 가주실 것을 부탁드렸다.

아저씨는 흔쾌히 나의 부탁을 들어 주셨다. 새벽 2시가 넘었을까, 내가 공부를 하고 있는데 마스터가 일을 마치고 돌아오셨다. 그냥 빈손으로 들어오시지 않고 돼지 족발을 사 들고 오셨다. 예전에 우리 아버지께서 일본에 여행 오셨을 때 그 족발을 너무나 맛있게 드셨다며, 나도 좋아할 거라고 내 앞에 내놓으셨다.

나는 그걸 마스터 마스터와 같이 먹고 새벽 4시가 되어서야 일본에서 첫날 잠자리에 들었다. 잠들기 전에 오늘 외운 것을 다시 곱씹어 보았다.

정말 특별한 날이었다. 태어나 처음으로 스스로 공부를 했던 것이다. 한국에서는 무엇이든 외우려고 노력하지도 않았지만 그렇게 안 외워지던 것을 하룻밤 사이에 다 외워버린 것이다. 내 자신에게 느껴지는 가능성에 가슴이 벅차 잠을 쉽게 이루지 못했다.

2. 일본어 학교에 등록하다

박씨 아저씨가 아침 일찍 숙소로 찾아오셨다. 우리는 식당으로 가서 큰아버지와 함께 차를 마시고 우리는 일본어 학교로 향했다. 일본어 학교까지는 전철을 타고 갔는데 그렇게 많은 사람들이 얘기를 나누었지만 내 귀에는 아무 말도 들리질 않았다. 귀는 항상 열려 있었지만….

학교에 도착하니 나이 지긋하신 선생님 한 분이 웃는 얼굴로 날 반겨 주셨다. 내가 알아들을 수 있도록 일부러 느리고 또박또박하게 몇 마디를 물으셨는데 나는 한 마디도 알아들을 수가 없었다. 꼭 필요한 말은 아저씨가 통역을 해 주셨다.

잠시 후, 반 편성을 위한 간단한 일본어 능력 시험을 보았다. 지금 기억으로는 답을 하나도 못 썼던 것 같다. 그 덕분에 수준이 낮은 반에 편성이 되었다.

  담임 선생님과 눈인사만을 하고 수업시간이며 기타 지켜야 할 주의사항 등은 아저씨의 통역으로 알아듣고 학교를 빠져 나왔다.

  이렇게 일본어학교 초등반에 등록을 하고 숙소로 돌아와 식당으로 첫 출근할 준비했다.

  사실 오늘은 나의 생일이었다. 어머니는 일본에 가면 큰아버지께서 잘해 주실 거라며 일본에 가서 생일을 보내라고 하셨다. 한국에서 마음속으로 그려보던 큰아버지는 정말 자상하시고 인자하신 분이셨다.

  그래서 용기를 내어 말씀을 드렸다.

  "사실 저 오늘이 생일이에요."

  그런데 큰아버지께서는 "아, 쏘(아, 그래.)" 일본어로 그 한마디였다. 너무나도 무관심하신 표현이었다.

  지금 생각하면 정말 후회되지만 조금은 바람이 있었을까? 내 생일이라는 것을 큰아버지께 이야기했을 때 정말 후회되고 섭섭했다. 어머니가 생각하셨던 것은 생일날 아침 식사정도는 같이했으면 하는 것이었다. 우리 어머니는 생일 전날 먼 타국으로 아들을 보내는 것이 못내 서운하신 것 같아서 그러신 것 같았다.

  드디어 일을 시작할 시간 오후 4시가 다가왔다. 내가 맡아

일할 곳은 설거지하는 곳이었다. 일본말을 하나도 모르니 그곳이 '딱'이란다. 일본으로 오기 전에 어렴풋이 그려보던 일본생활은 설거지를 시작하면서 완전히 무너지고 말았다. 일본은 환상적일 것이라 생각했다. 게다가 큰아버지의 식당이라면 그렇게 힘든 일은 '안 시키겠지.' 하는 어리석은 생각을 하고 있었다. '나비 넥타이'나 하고 고상한 일을 하는 정도로 생각을 했을까?

한국에서는 정말 그렇게 힘든 일은 해보지 못했다. 군대에서 제대한 직후라 보통 사람들보다는 '단련된 몸'이었는데도 정말 힘이 들었다.

일본에서 내가 처음 배운 일본말은 '이랏샤이마세(어서 오세요)'였다. 정말 혼자서 연습을 많이 했다.

'손님이 들어올 때 해야지.'

열심히 준비를 해도 목에서만 맴돌지 소리는 나오질 않았다. 화장실에서 귀가 아플 정도로 몇 번이고 연습하고 또 연습했다. 왜 소리가 입 밖으로 나오질 않았을까?

내가 입고 있던 그 어울리지 않는 하얀 가운에서 느끼는 수치심 때문일까?

좌우지간 그때는 도무지 노력해도 소리가 나오질 않았다. 내가 설거지를 하는 싱크대의 높이는 정말 낮았다. 나의 큰 키에 허리를 굽히고 높이를 맞출 수밖에 없었다. 군대에서도 설거지를 해보았다. 하지만 여기서는 그렇게 많은 그릇 닦아도 또 닦아도 끝이 없었다. 싱크대에는 항상 씻어야 할 그릇이 산더미처럼 수북했다. 그 넓은 식당에서 나오는 그릇을 혼자 전부 처리해야 했다.

정말 허리 한번 펼 시간이 없었다. 군대에서 기합을 받아도 그보다는 덜했다. 기합을 받을 때는 요령이라도 피울 수 있었지만 여기서는 요령도 피울 수 없고 옆 사람에게 도와달라고 할 수도 없으니 정말 정신이 하나도 없었다.

손님들이 식사하며 이야기하는 소리가 내 귀에는 '웅웅거리는 소리'로만 들려왔다. 마치 군대 훈련소에 입소한 첫날 사회의 때를 깔끔히 씻어 버리기 위해 '정신없이 좌로 우로 구를 때와 같은 기분'이었다.

이곳이 일본인지 한국인지 생각할 틈도 없이 난 씻어야 할 그릇만 쳐다보며 열심히 또 열심히 닦아야만 했다.

'이렇게 꿈에 그리던 유학이 시작되는 건가?'

허리를 굽히고 그릇을 닦다 보니 이제는 요령이란 것도 터득할 수 있었다. 싱크대에 키를 맞추기 위해 다리를 양쪽으로 벌리고 그릇을 닦으니 조금은 수월했다. 인간이란 참 신기하기도 하다. 어떻게든 살아가는 방법을 깨치려 조금씩 노력하는 것이 아름답다고 생각하기도 하면서….

누군가 시간은 화살을 쏜 것과 같다고 했는가?
나의 생활은 정말 정신없이 하루가 지나갔다. 새벽 2시까지 일을 하고 숙소로 돌아갔다. 샤워를 하고 잠자리에 들었는데 도저히 잠이 오지를 않았다.

이런저런 고향에서의 추억들이 자꾸만 아른거렸다. 공항에서의 아버지 모습, 그리고 아무런 말씀도 못하시고 눈물만 흘리신 어머니의 모습.

아버지가 48만원을 주셨는데 그 돈은 아버지와 어머니가 정말 땀방울을 쏟아 가며 농사를 지으셔서 만든 돈이다. 그 중 난 10만원을 그냥 아버지에게 드렸다. 다 가지고 가라며 받지 않으시려 하던 아버지의 손에 쥐어 드렸다.

돈을 쥐어 드리려고 잡은 아버지의 손은 정말이지 고목나무처럼 딱딱하게 굳은살이 박여 있었다. 지금은 '시골부자'라는 말이 더없이 잘 어울리지만 평생을 농사일만 하신 그 손이다.

내가 태어나기 전보다 더 옛날, 아버지는 같은 동리의 다른 집에서 머슴살이를 하셨다. 오로지 자식들 공부를 가르치기 위해서 그 손으로 농사를 지으신 것이다.

그런 부모님의 모습이 왜 이토록 그리운지 쉽게 잠이 오지 않았다. 잠을 잤는지 그냥 누워 있었는지 그렇게 아침을 맞았다. 씻기 위해 일어나려는데 다리가 떨어지질 않았다. 다리가 너무 아프고 허리에도 통증이 있었다.

그래도 계속 앉아 있을 수 없었다. 38만원을 환전해서 일본어학교에 등록을 했다. 그러고 나니 차비만 겨우 남았다.

제대를 한 직후라 지금의 상황이 군 생활과 자꾸 비교가 되었다. 8월의 무더위 속에서 혹독한 훈련을 받았어도 이렇게 아프지는 않았다. 학교에 가야 하기에 다리를 끌고선 세면대에 거울에 반사된 눈물이 흘러내리는 두 눈을 보면서 세수를 했다.

거울 속에 비쳐진 나의 모습이 꼭 다른 사람을 보는 듯 했다.

'진정으로 내가 원하는 것이 무엇인지?'

'무엇을 위해 여기에 서 있는지?'

괜한 서글픈 상념에 잠기는 모습 또한 나를 무기력하게 만들었다.

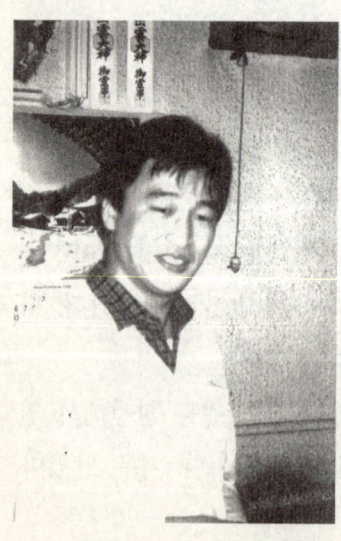

◀ 불고기집에서
아르바이트를 하던 때

3. 기분 좋은 낯섦

예전에 박씨 아저씨가 동행해 준 길이었지만 혼자 나선다는 것이 무척이나 두려웠다. 일본말을 전혀 몰랐기 때문에 나는 일본어를 한글 발음 그대로, 역명과 갈아타야 할 곳을 적었다.

그리고 전철역으로 나갔다. 동경 오오타구 오오모리 역에서 전철을 탄 다음, 다시 시나가와 역에서 전철을 갈아타야 했다.

전철에 올라 역 이름을 확인했다. 각 구간마다 사람들이 올라타는 잠시 동안에도 일본어로 적힌 역의 이름을 확인하느라 앉을 겨를이 없었다. 안내방송이 흘러나오는데도 도무지 무슨 말인지 알 수가 없었다.

나는 시나가와 역에서 내려 야마노태 선으로 갈아탔다. 그리고 시브야역에서 내려 도겐사까 쪽으로 걸었다.

　버스를 타면 일본어를 하나도 알아들을 수가 없으니 목적지에서 내리는 것에도 자신이 없었다. 버스를 갈아타는 것도 내겐 버거운 일이었다. 그래서 역에서 20분 정도 되는 거리를 걷기로 했다.

　드디어 동경일본어 학교에 도착할 수 있었다.

　그런데 시나가와역에서부터 학교에 도착할 때까지 눈에 띄게 예쁜 아가씨가 있었다. 시부야 역에서 학교에 도착할 때까지 계속 내 앞에서 걸어간다. 가끔 뒤를 돌아보며 힘차게 또박또박 잘도 걸어간다.

　나는 일본어를 배우는 동양인 학생이려니 생각했다. 그런데 그녀는 둘째 시간에 들어온 일본인 선생님이었다. 전날 배정받은 교실에 들어가니 조그마한 교실에 책상이 동그랗게 놓여 있었다.

　학생들은 거의 다 앉아 있었고 제일 안쪽에 자리가 비어 있어 그곳에 앉았다.

　우리 반 학생 모두 9명이었다. 한국인이 2명, 중국인·타이완·홍콩·미국인으로 구성된 반이었다.

　첫 시간 시작종이 울리고 우리 반 담임선생님이 들어오셨다. 기꾸찌 선생님이셨다. 선생님께서는 일본어로 자기 이름과 국가를 소개하는 법을 가르쳐 주셨고 우리는 각자 자기 이름과 나라를 소개했다.

선생님께서 여러 번 자기소개를 해 보여서 우리는 이름과 나라만을 바꿔 소개를 할 수 있었다.

세계 각지에서 몰려 온 사람이 한 반이니 쉬는 시간에는 정말 '요지경 세상'이었다. 각자 자기 나라 말로 서로 통하는 사람끼리 이야기를 주고받았다.

초급반인 우리 반은 일본말을 전혀 모르는 학생들이 모였기 때문에 우리는 서로 얼굴만 보고 웃기만 했다. 말이 통하지 않아도 우리 반 학생들은 얼마나 천진난만하고 순수해 보이던지 서로의 마음을 편하게 해 주었다. 우리의 의사소통 수단은 유일하게도 '미소'뿐이었다. 지금 생각해보면 특별히 재미있는 일도 없었건만 우리는 항상 즐거웠다.

▼ 일본 유학 시절, 같은 과 친구들과 함께

쉬는 시간에는 함께 차도 마시며 뭔가에 대해 열심히 이야기하려고 애쓰는 모습들이었다. 사람의 진실된 마음은 겉모습과 언어와 문화가 다르더라도 통하여 생활하는 데 별 지장은 없었다.

우리는 몸짓으로 상대방에게 자기 뜻을 이해시키고 뭔가 뜻이 전달됐는지 확인해가며 한바탕 깔깔대며 웃어대기도 했다. 수업은 하루 3시간씩 진행되었는데 선생님들도 연령별로 구성이 되어 있었다.

문법을 전문으로 가르치신 50후반의 기꾸찌 선생님, 독해를 전문으로 가르치신 30대 중반의 도꾸야마 선생님, 첫 등교일날 전철에서 줄곧 같이 학교까지 온 20대의 크로노 선생님은 회화를 전문으로 가르쳐 주셨다.

수업은 선생님이 그림과 몸짓 반복, 그리고 대화형식으로 진행이 되었다. 선생님이 사과사진을 보이며 "이건 뭐지요?"라고 물으면 학생은 "이건 사과입니다."라고 대답하는 식이었다.

우리는 완전히 다름없는 '유치원생'이었다. 행여 누가 이상한 대답이라도 하면 교실 안은 온통 웃음바다가 되기도 했다. 학교생활은 이렇듯 자유스런 분위기에서 부드럽게 진행되었다. 지금까지 공부라고는 열심히 해보지 않았던 나였지만 이제는 내 나름의 공부하는 방식을 터득해 가고 있었다.

학교 수업이 끝나면 오후 2시 정도가 되었다. 식당에 가서 점심을 먹고 그때부터 일을 해야 하는 분위기가 되어 버리곤 했다. 손님이 많아 바쁜 것을 보고 그냥 식당을 빠져 나오긴 정말 힘들었다. 점심을 공짜로 먹은 대가로 식당일을 조금 돕다 보면 일을 해야 할 4시가 금방 돌아와 버렸다.

어쩌다 그냥 빠져 나오는 날이면, 다음에는 항시 좋은 말이 돌아오질 않았다. 내가 밥을 먹고 있으면 일을 해야 할 사람이 의도적으로 자리를 비워 버려 내가 대신해야만 했다.

그러다 보니 점심을 먹으러 식당에 가지 않았고 사먹을 형편도 못되어 점심은 먹을 때보다는 굶을 때가 더 많았다. 행여 피곤해 잠이라도 자려고 하면 식당에서 전화가 온다. 나보고 와서 식사하란다. 정말이지 개인적인 시간이 없었다.

일하는 시간은 4시부터 12시까지였다. 토요일은 식당이 문 닫는 새벽 2시까지 일해야 했다. 하루 일과 중 내가 공부할 수 있는 시간은 12시부터 새벽 2시까지 단 2시간뿐이었다.

난 이 시간을 정말 주옥같이 써야만 했다. 예습과 복습을 철저히 해야 했다. 예습을 하지 않으면 그 다음날 수업을 따라갈 수가 없어서였고 복습은 오늘 배운 내용을 꼭 내 것으로 만들어야만 했기 때문이다.

'한국에서 공부를 할 때 지금처럼 예습과 복습을 철저히 했으면….'

문득 후회스럽고 부끄러운 생각도 들었다. 내일 배울 곳을 미리 예습하면서 이해가 안가는 곳은 표시해두고, 그 다음날 수업 과정에서 그 부분을 중점적으로 듣는 방법을 스스로 터득한 것이다. 수업이 끝날 때까지 그 부분이 확실히 이해가 안되면 별도로 선생님께 질문을 하는 방법을 매일매일 반복한 것이다. 이 방법은 중·고등학교 시절 학교에서 선생님에게 수도 없이 들었던 방법이었지만 그렇게 쉽게 되질 않았고, 또 필요성조차도 느끼지 못해서 이론적으로 '아! 좋은 방법인가 보다.'라고 생각만 했지 실천을 한번도 못해 보았다.

지금 이 나이가 되어 그때 선생님들의 그 말씀이 정말 좋은 방법이었다는 것을 늦게나마 깨달은 것만으로도 너무나 행복했다.

▼ 일본 유학 시절, 체육대회 때 담당교수님과 함께

4. 옹알이를 넘어

일본 생활에 이젠 어느 정도 적응이 되어서일까? 아주 가끔은 '가슴을 활짝 열고, 하늘 향해 소리질러 볼까?' 하다가도, 다시 일상으로 돌아오면 난 기계와 같이 반복되는 매일의 일상에 묻혀 버린다. 일본어학교에서 집, 집에서 식당 마치 누군가 짜여 준 시간표대로 움직여야만 하는 내가 참 못마땅했다.

그리고 말을 할 수도 알아들을 수도 없다는 답답함이 갈수록 커져만 갔다. 정말 난 키 큰 어른이면서 글도 모르고 말도 못하는 바보였다.

전철을 타면 '웅' 하는 소리만 들렸고, 길을 걸을 때는 내 발이 땅을 밟고 있는지 공중에 떠 있는지 몰랐다. 아니 아무런 생각도 할 수 없었던 것이 그때 상황이었다.

큰아버지는 시간이 갈수록 내가 식당에서 일하는 것에 더욱 관심을 보이셨고, 마스터는 내가 일을 잘한다는 것보다 누구보다 못한다는 것을 부풀려 큰아버지께 이야기했다.

그 이유는 지금도 잘 모르겠지만, 시간이 지날수록 한국에서 생각했던 큰아버지에 대한 그림들은 더욱더 어두워져만 갔다. 따뜻한 봄날에 나들이하는 꿈을 그리던 나는 햇빛이 쨍쨍한 한여름날 아무도 없는 곳에 홀로 서 있었다.

내가 한국에서 생각했던 것들은 정말 어리석은 것이었다. '큰아버지가 큰 식당의 사장이니 조금은 쉽게 학교를 다닐 수 있을 것이다. 학비도 어느 정도는 보조해 주시지 않겠는가?'

참으로 큰 착각에 빠져 있었다. 이 세상에 누구나 혼자이지 않은 사람은 없다고 했지만, 그 때는 그 말처럼 야속하게 들리는 말도 없었다. 한국에서는 어려움에 빠지더라도 부모님께 SOS를 외치면 곧 그들은 해결사로 등장하셨다.

그러나 주저앉아 있을 수만은 없었다. 힘들지만 '일어나자! 자, 이제 다시 시작이다!' 하며 다시 날아갈 준비를 하며 날개를 추슬렀다.

일본어 학교에서 배웠던 새로운 단어들을 노트에 적어서 항상 아르바이트하던 식당에 가지고 다녔다. 거기에서 암기하고 그 단어를 사용해서 말을 만들어보고 그것이 말이 되나 안되나 일본인종업원에게 물어보며 열심히, 또 열심히 일본어만을 공부했다.

　그들은 내가 한마디, 한마디 늘어갈 때마다 마치 어린아이가 옹아리를 끝내고 '엄마.' 하며 말을 배워 갈 때처럼 기특해하고 즐거워했다. 그 덕분에 나의 일본어는 하루가 다르게 발전해 갔다.

　식당에서 일하는 일본인 모두 나의 일본어 연습파트너였다. 남편과 사별하고 중학생·고등학생 아이들이 있는 오오타상, 중학 역사선생님이었던 야나기 하라상, 쌍둥이 엄마인 오오누마상, 가고시마 출신으로 글도 잘 모른다는 치바상, 마스타 손녀인 치까짱….

　다들 바빠하면서도 친절하게도 가르쳐 주었다. 특히 쌍둥이 엄마인 오오누마상은 나에게 많은 도움을 주었다. 토요일 일이 끝나면 나를 가라오케며 이곳저곳 데리고 다니며, 한국에서 온 친구라며 자랑스럽게 자기 친구들에게 소개를 해주었고 일본음식을 이것저것 먹을 수 있도록 해 주었다.

　이들만이 나의 일본어 선생이 아니었다. 손님들도 가끔은 내 일본어 연습파트너가 되어 주었다.

　하루는 "오마치토우사마데시타(많이 기다리셨습니다)."라는 일본어와 "토이타시마시테(천만에요)."라는 말을 공부하는데, 일본 종업원들이 직접 손님에게 주문했던 요리를 들고 가서 "오마치토우사마데시다."라고 해보라는 거였다. 그러면 손님이 "토이타시마시테."라고 할 거라며 난 잔뜩 기대를 하고, 손님 앞으로 요리를 가지고 갔는데 내가 "토이타시마시테(천만에요)."라고 하고 아무생각 없이 돌아왔던 것이다.

나는 이상하게도 손님이 이상한 눈으로 날 계속 보고 있다는 걸 알아차렸다.

'저놈이 왜 계속 날 보고 있을까?'

식당 안의 시선이 온통 내게로 모아졌고, 잠시 침묵이 흐르다가 우리 모두는 누가 먼저랄 것도 없이 웃음보를 터뜨렸다.

가끔은 평범해지고 싶었다.

입학한 지 2개월 정도 지난 6월 정도일까? 계절이 어떻게 가고 '일본이 이런 곳이구나.' 아님, '어떻구나!' 하는 생각을 할 여유가 전혀 없었다. 그저 가끔 날씨가 조금 더우니 좀 시원한 옷을 입었을 뿐. '이런 옷을 한번 사서 입어 볼까?'라는 종류의 생각은 나에게는 사치스럽고 멀게만 느껴지는 일들이었다. 학교에서 수업이 끝나면 학생들은 어디론가 바삐들 움직였다.

그러나 그 알맹이를 들여다보면 전혀 다른 색을 가지고 있었다. 하나의 색은 아주 화려하고 값비싸 보였다. 그들의 방과 후 일과는 남은 시간들을 어디에 가서 좀 더 재미있게 보낼 궁리에 빠지는 친구들이었다.

'하라주꾸로 갈까? 아니면 신주꾸로 가볼까?'

가끔씩은 부럽기도 하고, 또 한편으로는 그들에 대해 심술

보가 커지기도 했다.

젊은 남녀들이 현란한 차림으로 모여 다양한 이벤트들이 벌어지기도 하고, 젊은이들이면 누구나 가서 즐기고 싶을 정도로 거리거리마다 볼거리들이 널려 있는 곳이 하라주꾸이다. 신주꾸는 어디인가?

우리 나라사람들이 일본 여행을 가면 거의 빼놓지 않는 밤의 거리이다. 한국에서는 거의 상상도 못할 유흥가들로 꽉 들어차 있는 신주꾸 거리이며 많은 젊은이들이 유혹에 빠질 곳들이 여기저기 줄지어 있는 곳도 신주꾸이다.

다른 하나는 소박하고 땀 냄새나는 색이었다. 스스로 학비를 조달하기 위해 아르바이트하며 공부를 하기 때문에 항상 피곤해 있는 것이 나의 처지와 같았다.

참으로 어려운 것 중 하나인데 돈은 적당히 벌어야 했다. 내가 처음 가졌던 소중한 마음을 잊어서는 안 된다. 돈이라는 것은 꿈을 이루기 위한 수단인데 가끔은 그것에 얽매여 생활한다는 생각이 들었다.

아르바이트하면서 너무나 돈에 신경을 쓰다보면 일하는 시간을 늘리게 된다. 그렇게 하다 보면 공부를 따라갈 수가 없어 처지게 되어 그것이 계속해 쌓이면 결국 공부를 도중에 포기할 수밖에 없는 사람도 많이 있었다.

나는 철저히 일본에서 일하는 것은 공부를 하기 위한 하나의 수단으로만 생각했다. 돈은, 즉 수단이므로 별반 가치를 두지 않기로 다짐했지만 가끔은 깊은 소외감이 느껴지기도 했다. 특히 같은 민족인 한국인들에게 말이다.

한국학생들 사이에는 두 그룹이 있었다. 나누는 기준은 돈이 있는 사람과 돈이 없는 사람이다. 서로 다른 분류의 사람들은 한 반이면서도 모르는 척하며 학교를 다녔다. 그리고 돈이 많은 여자들은 이상하게도 노란 머리색을 가진 친구들을 우리보다 더 좋아했다. 나 같은 사람은 말을 걸어 볼 용기조차 나지 않았다. 그들의 눈빛은 그렇게 차가웠던 것이다.

그리고 아르바이트가 필수적인 나는 무슨 일을 하더라도 '창피하다'라는 생각을 가지지 않기로 마음먹었다. 일본인들이 어질러 놓은 식탁을 청소를 하더라도 부끄럽지 않았고 자존심이 상하지도 않았다. 아니 스스로 위안을 삼으려고 많이 노력했다.

아르바이트를 하면서 가끔 속이 상했던 것은 일본인이 아닌 한국 사람들 때문이었다. 특히 내가 살고 있는 오오모리 주변에는 일본 히다찌 등 큰 회사들이 상당히 많았다. 주로 한국 대기업 직원들이 출장을 많이 왔다.

나는 일본 땅에서 한국인을 만나면 반가워서 어찌하든 잘 해 주고 싶었다. 그래서 내가 도움을 주는 것은 김치가 비싸서 주문하지 못할 경우 김치를 내주는 정도였지만 나는 최선을 다했다. 이렇게 며칠이 지나 그들과 자연스럽게 친해질 때쯤 그들의 말투와 태도는 변해 있었다.

"야! 이것 좀 더 주라."

"너 언제 왔냐?"

조금만 친해지고, 자기보다 나이가 어리다 싶으면 바로 반말을 내뱉는다. 인지상정이라 사람마음이 잘해주면 더 잘 해주길 바라지만…. 항상 이런 식으로 끝나 버리는 일은 한국인 손님들이 별로 달갑게 느껴지지 않기 시작했다.

그들이 지내고 가는 시간은 짧지만 그 태풍이 지난 뒤 내 마음의 상처는 쉽게 나아지지 못했다. 계속되는 식당일로 마음이 쉼을 누리지 못하는 것도 힘들었지만 몸뚱어리를 가누기가 갈수록 힘들었다. 아무 생각 없이 접시를 닦았다. 오직 보이는 것은 비눗물과 거기에 담긴 그릇들. 끝없는 행렬을 갖춘 그릇들의 행진은 계속되었다. 가끔씩은 루즈를 바른 그릇들은 쉽게 지워지지가 않아 더 신경이 쓰였다.

한 자리에서 30년 동안 한결같은 맛을 자랑하는 가게라 단골은 물론 뜨내기 손님들도 정말 많았다. 토요일이면 식당 앞 공원에까지 줄을 서서 기다릴 정도였다. 큰아버지의 가게가 번창해 가는 일이 기쁘지만 가끔은 '손님들이 적당히 있었으면 좋겠다.'라는 생각도 했다.

언제나 앞만 보고 길을 걸었다. 학교에 갈 때는 피곤한 몸을 일으켜 지각하지 않기 위해 뛰다 보면, 머릿속에는 아무 생각이 없고, 수업이 끝나면 전철 안에서 졸지 않으려고 자리에 앉지도 못하고 멍하니 서 있다가 집에 와서 조금 쉬었다. 그리고 4시에 일을 나갔다.

하루는 정말 빠르게 지나갔다. 그러나 내 가슴은 갈수록 텅빈 것처럼 느껴지는 것을 어떻게 받아들여야 할는지…. 난 점점 더 바보가 되는 것만 같았다.

식당에서 유일하게 쉴 수 있는 시간이 8월 15일 오봉(추석)날과 1월 1일 신정 때이다. 오랜만에 올려다본 하늘은 너무나 높고 맑았다. 상쾌하고 날아갈 것 같은 기분이 들었다.

그러나 곧 이내 현기증이 났다. 그 동안 정말 너무했지…. 하늘 한번 보지도 않고 오직 앞만 보고 달렸으니…. 수고하고 무거운 짐을 진 나였지만 절망하지 않았던 점을 정말 감사한다. 하나님의 은혜와 꿈을 향한 나의 열정이 식지 않음에 대해 말이다.

참, 큰아버지가 식당 주인이라는 것밖에 모르는 여러분에게 우리 큰아버지를 소개하고 싶다. 열여덟의 젊은 나이에 성하신 몸도 아니신 아주 심한 소아마비 장애를 가진 몸으로, 일본으로 건너가셔서 자수성가하시고 한동안 오오모리라는 곳에서는 세금을 제일 많이 내신 분이셨단다.

내가 시골에서 초등학교 4학년까지 다니던 학교가 있는데, 그 학교 땅도 큰아버지가 사서 기부하셨기에 우린 학교 다니면서 어린 마음에 교장선생님과 선생님들에게 귀여움을 많이 받았던 기억이 난다.

그런 큰아버지 앞에서 힘들어 포기한다는 것은 너무 나약한 태도가 될 것 같았다. 그래서 큰아버지의 뜻이라면 단 한 번도 거역하거나 반항할 수가 없었다.

일본 생활도 이제 반년이 지났다. 이제는 접시를 닦는 일도, 일본어 학교에 가는 곳도 웬만큼은 이겨 낼 수 있을 만큼 적응을 한 것이다. 전철 안의 사람들 말하는 소리가 "웅~" 하던 예전과는 다르게 조금씩 아주 조금씩 알아들을 수 있게 되었다. 말을 알아듣게 되어서일까? 아니면 내 나름의 적응을 해서일까?

'이제는 거울을 보며 답답하던 내 모습이 아닌 꿈을 향해 전진하는 내가 되어 가야지!'

야무진 다짐을 했다.

학교에 가지 않아도 되는 일요일은 내겐 정말 황금 같은 시간이었다. 마음을 가다듬고 공부하려고 책상에 앉으면 점심때쯤 집으로 전화가 온다.

"커피 한잔 마시자."

큰아버지가 부르신다. 그래서 식당에 가보면 손님이 가득 차 있다. 그 광경에서 나는 어쩔 수 없이 옷을 갈아입고 일을 시작한다. 물론 내가 일한 시간만큼 돈은 벌 수 있었다.

나는 내 나름대로 원칙을 정했다. 식당에서 일을 할 때 내가 가운을 갈아입고 일을 할 때는 무조건 타임카드를 찍고 일을 시작했다.

처음에는 내가 일을 시작하는 오후 4시부터 타임카드를

찍고 일을 했지, 그 이외의 시간은 그냥 봉사한다는 생각을 갖고 있었다. 그러나 봉사하는 시간이 길어지면 어쩔 수 없이 일을 한다는 생각이 들어 짜증이 나서 정당하게 일하는 시간은 보상을 받고 일을 해야겠다는 생각을 했다.

그냥 한국에서의 생각처럼 '이 정도는 도와드려야지.' 하는 생각은 우리의 생각일 뿐, 정당하게 타임카드를 찍고 일하는 것을 큰아버지도 더 좋아하시는 것 같았다.

'놀면 뭐하나? 한푼이라도 더 벌어야지. 그렇다고 내가 그냥 돈은 줄 수 없으니 일을 해서 받아가.'

큰아버지는 이런 뜻을 가지고 계셨다.

오늘밤은 예전에 느끼지 못한 여유로움이 새록새록 다가왔다.

5. 한인교회에 나가다

어느덧 방학이 다가왔다. 그런데 한국에서 느낀 "야호!" 함성 소리가 절로 나오던 신나는 방학이 아니었다. 학비와 생활비는 방학 기간을 이용하여 충당해 두어야 하는 기간이 바로 방학이었다.

오전 11시부터 새벽 2까지 일을 했다. 물론 공부하는 것도 게을리 하지는 않았다. 방학이 끝날 때쯤 다음 학기에 공부할 부분을 예습하고, 각 페이지마다 의문이 가고 이해가 잘 안가는 부분을 메모를 해 두었다. 나에겐 오로지 공부와 식당일밖에 없었다.

그 시절 나는 건장한 20대 청년이었다. 한참 혈기 왕성하고 호기심 많은 시절, 나는 일본에 있었다. 노는 일이라면 만사를 제쳐두고 친구들과 우르르 나가던 한국에서의 모습은 아주 기억 저편의 일이 되어 버렸다. 일본의 개방된 문화들을 TV에서도 보고 주변의 유학생들에게 신기하고 재미있는 얘기도 들어 놀러 가고 싶은 안달도 생겼다.

그러나 내가 해야 할 일의 목록 중 그런 선택 항목은 없었다. 어떻게 참아 냈는지? 가끔 그 시절 생각을 하면 내 자신이 기특하기도 하고, 신기하기도 하다.

처음 방학은 그렇게 끝을 보이기 시작했다. 솔직한 심정은 힘들었지만 그래도 주일이면 나도 식당을 벗어나 다른 공간에서 시간을 보냈다.

나는 정확히 몇 살부터인지는 잘 모르겠지만 어릴 때부터 교회에 나갔다. 교회에서 성경공부하고 하나님 말씀을 듣고 그 말씀 따라 살려고 노력했던 터라, 특별히 비뚤어지게 생활은 하지 않았다.

일본에서 시간이 없고 생활이 힘들었지만 주일이면 언제나 시나가와에 있는 한인교회에 나갔다. 우리 교회의 성가대는 7명이라는 작은 숫자였지만 모두들 열심을 보였다. 그래서 서로에게 더 큰 믿음을 줄 수도 있었다.

어느 날 한국에서 중년 집사 부부가 우리를 위해 찬양을 선물로 주었다. '할 수 있다. 하신 이는'…. 평소에는 느끼지 못한 감정들이 복받쳤다. 당장에 내 수고스러운 짐들을 어디에 두어야 하는지를 찾은 느낌이었다. 이 때에 다짐했던 마음들은 꼼꼼히 포장하여 깊이 숨겨 두었다가 지금도 힘들어질 때 가끔 풀어 본다.

생활비를 악착같이 모은 것 같았는데, 일본어 학교 학비를 내고, 대학 입학 준비를 위한 저축분을 빼면 아무것도 없었다. 이럴 때는 생활 자체가 어찌나 궁한지….

그래서 거스름돈 10엔짜리만 모아둔 저금통에서 동전 40개를 집어들고 학교에 간다. 한쪽 호주머니에만 넣어두면 너무 무거워 20개씩 나누어 넣고 나갔다.

아침 출근시간 전철 표를 살 때 기다리는 사람들이 많았다. 10엔 짜리 20개를 넣으려면 시간이 많이 걸려 눈치가 보였다. 그래서 생각해 낸 방법이 전 기본구간 표를 사 도착지에 가서 정산을 하는 것이었다. 조금 귀찮기는 했지만 어쩔 수 없다고 생각하고 이것이라도 있으니 얼마나 다행인지 모른다고 생각했다. 동전소리가 주머니 속에서 크게 나면 혹시 하나라도 흘렸을까 봐 조마조마했다. 다시 꺼내서 동전 개수를 확인하고 또 조심조심했다.

6. 익숙해지는 일본생활

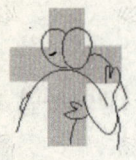

눈 깜짝할 사이에 18개월이라는 시간이 흘렀다. 나의 생활은 이제 그리 어렵지도 특별히 서글프지도 않은 말 그대로의 '일상'으로 받아들여졌다.

이때쯤엔 학교가 쉬는 날은 가까운 근교에 친구들과 소풍을 가기도 했다. 같은 시간이지만 그래 이젠 마음에 여유가 생긴 것 같았다.

친구도 사귀고 일본사람들과 어울리기도 했다. 큰아버지가 민단 일을 많이 보고 있는 터라 가끔 거류민단[1] 행사에 참석해서 민단의 젊은 친구들과 어울리기도 했다. 그렇다고 아르바이트를 쉬면서 놀지는 않았다. 그만큼 내게 식당일은 아르바이트 이상의 의미를 가졌다. 큰아버지와의 믿음이랄

---
1) 재일본 한국교포들로 구성된 합법적 단체.

까? 큰아버지에 대해서는 철저하고 열심히 하는 모습을 보여 드리고 싶었다.

한 번은 이런 일이 있었다. 내가 큰아버지의 심부름 때문에 아르바이트 시간이 늦어 지각하지 않으려 택시를 타고 와서 6천 엔이 들었는데 3천 엔만을 주시고 반은 나더러 내라 하셨다. 내가 좀더 빨리 서둘렀다면 택시를 타지 않고 올 수 있었다고 하셨다.

큰아버지의 말씀이 맞는 말씀이셨다. 나 역시 그렇게 이해하고 내가 부담을 했다. 충분히 그 시간이면 다녀올 수 있는 거리를 큰아버지는 심부름을 시키셨던 것이다.

식당에서 큰아버지가 사장이지만 식구들이 식사를 해도 꼭 자기가 계산을 하셨다.

그 정도로 큰아버지는 나에게 공과 사를 철저히 구별할 수 있도록 가르쳐 주셨다.

큰아버지 식구들이 식당에 와서 식사를 할 때, 처음엔 왠지 내가 여기서 일을 한다는 것이 자존심이 상한 듯했는데 그것도 익숙해지니 마음이 편해졌다.

차츰 일본어도 능숙해지고 일도 숙달이 되어 주방으로 들어가게 되었다.

식당이 모두 2층인데 1층 주방에서는 주로 간단한 고기류만을 내주는 곳이고, 2층은 각종 요리를 하는 곳이다. 난 1층 주방에서 일을 하게 된 것이다.

홀에서 주문 들어온 것을 보고 2층에서 할 요리는 인터폰으로 주문하고, 1층에서 내줄 내용은 내가 내주면 되는 것이다. 그것도 며칠 하다 보니 아주 전문가처럼 능숙해졌다. 고기를 한번 쥐면 거의 저울이 필요 없이 정확하게 잡혔다.

하루는 검은 양복의 무서운 아저씨들이 20여 명 들어왔는데 종업원들이 다들 겁에 질려 있었다. 그들로부터 받은 주문장이 들어왔는데 주문장에는 종류별로 1인분(100g)씩밖에 주문을 하지 않아서, 난 아무것도 모르고 주문량 그대로 고기를 손님들에게 냈다.

그들 중 두목이 화장실만 가도 물수건을 준비해 건장한 사람들이 화장실 입구에 서서 대기하고 있었다. 분위기는 정말 살벌하기만 했다. 손님들도 서둘러 음식을 먹고 하나둘 빠져 나가 버렸다.

내가 준비한 음식이 그들의 식탁에 놓여진 순간, 곧바로 그들이 날 불렀다. 몹시 화가 나 있는 모습이었다. 나에게 마스터가 다가와 '모르는 척해라.'고 귀띔했다.

그들의 자리로 내가 갔는데 그들은 화를 내며 말했다.

"너, 누가 이렇게 주문했나? 마스터가 이렇게 가져가라고 하더냐? 사장 불러와라. 장사 오늘 그만할 거냐?"

이런 말을 했는데 내가 그냥 눈만 멀뚱멀뚱 뜨고 있으니 그들이 어이가 없어했다.

그때 일본인 여종업원이 와서 내가 한국에서 유학을 왔는데, 일본에 온 지 얼마 안돼서 일본어를 하나도 못한다고 설명했다. 그러자 그들은 신기하다는 듯이 날 쳐다보며 미소를 지었다.

그들이 식사를 하고 나갈 때, 두목처럼 보이는 사람이 내가 있는 주방 앞으로 다가와서 조용히 한국말로 말했다.

"일본에 온 지 얼마 안됐다고? 열심히 공부하세요."

그 두목은 한국사람이었고 자기 부모님의 고향이 대구라고 했다.

나중에 들은 이야기인데 야쿠자 아저씨들이 화가 나면, 그들 식사가 끝날 때까지 주방장이 그들 옆에서 무릎을 꿇고 앉아 있어야 한단다. 그래서 마스터는 그들이 들어오자 자리를 피해 버린 거라고 했다.

하마터면 정말 큰일이 날 뻔했다. 그리고 웃음도 나왔다. 그 야쿠자도 양심은 있고 정도 있는지 나에게 열심히 공부하라며 격려를 해 주었다.

참 별의별 일이 다 있다. 그래서 인생은 재미있는가 보다. 여하튼 오래 살 일이다. 재미있는 일을 많이 볼 수 있게 말이다.

7. 새로운 출발선에 서다

여러분도 알다시피 지금까지 나의 생활은 일본어 공부와 아르바이트가 반복되었을 뿐 특별한 변화가 없었다. 그러나 이제는 대학 진로를 결정하기 위해 고민을 하기 시작했다. 컴퓨터 정보처리를 공부해 보고 싶었다.

학교는 2년제 전문학교였고 정보처리 분야에서는 명성이 있는 학교로 알려져 있었다.

정보처리과에는 1학년 학생 수가 140명씩 14반이 있었다. 한 학년당 그 정도의 숫자니까 상당한 규모를 자랑하고 있었다. 1985년 그 당시에는 정보처리과가 인기가 좋았다. 졸업과 동시에 학생 1인당 13개의 회사에서 기다린다는 말이 나올 정도였다.

그런데 학교의 특징이 입학하기는 쉬웠지만 졸업하기는

무척 힘들었다. 1학년 당시 한 반에 140명이던 학생이 졸업할 때는 50명 정도로 줄어드는 것이 현실이었다.

입학 시험은 일본어 능력 시험과 간단한 수리능력 시험을 치렀다. 문제를 푸는 데 시간을 조금 넘어 버렸다.

'제 시간을 지키지 못해서 어쩌지?'

자꾸 마음이 초조해졌다. 다행히 시간에 대해 문제를 삼지 않아 가뿐히 합격할 수 있었다.

공부에 대해서는 언제나 팔짱을 끼는 자세로 임했는데…. 사람이란 참 신기한 것 같다. 일본에 와서 내 자신에게 느낀 가능성들을 맛본 뒤 나는 공부에 열정이 생겼다.

정말 자신이 생겨났다.

1년 수험료가 120만 엔인데, 1년 동안 죽어라고 식당일을 해야만 벌 수 있는 돈이다. 만약 1학년을 더 다니면 1년을 죽어라 아르바이트를 더 해야 한다. 그런데 학교에선 교양과목 외 과목에서 60점 이하의 과목이 나오면 진급을 할 수 없었다. 그래서 재등록을 해서 한번 더 1학년을 다녀야 한다.

한국에서는 학생들이 진급을 하지 못할 정도의 상황이라면 강제적으로라도 보고서를 제출한다. 모든 방법과 수단을 동원해서 유급을 면하게 하는 것이 한국 교수들의 태도이다. 일본에서 교수들은 전혀 달랐다.

"시험결과가 나왔으니 확인하도록 하세요. 그리고 재등록이 필요한 사람은 다시 등록하도록 하세요."

이런 말뿐이었고 학생들 또한 별 항의 없이 덤덤하게 자기의 결과를 받아들였다. 상황이 이러니 나는 게으름을 피울 여유란 상상하지도 못했다. 그래서 자연스럽게 생활을 열심히 할 수밖에 없었다. 무사히 2년 안에 공부를 마치기 위해 몇 가지 결심을 했다.

수업내용은 모두 그 시간에 이해하기 위해 모르는 것은 친구에게 끝까지 물어서 알고 넘어갈 것. 정말 작은 계획이지만 결코 만만한 일은 아니었다.

한국에서 공부할 때는 모르는 것이 있더라도 다음으로 미루는 것이 습관이 되어 버렸다. 그러나 그 습관을 뛰어넘지 않으면 안되었다. 시간은 내가 만들어 가는 것이지만 미루기에는 벅찬 일이 될 것 같았다. 그래서 수업이 끝나면 모르는 부분을 꼭 확인하고 절대로 모르는 것을 다음으로 넘기진 않았다.

그리고 밤에 아르바이트가 끝나고 집에 돌아와서 샤워하고 새벽 2시까지 그 날 배웠던 부분을 복습하고 정리 노트를 만들었다. 시험에 나올 만한 것을 발췌해 꼼꼼히 적어두었다.

기초가 부족한 수학을 따라 가기에는 역부족이었다, 그리고 영어를 접은 지 오랜 시간이 흘러 다시 기초부터 단계를 밟아 나가야 했다. 공부를 제대로 해 두지 않은 것이 참 후회스러웠다. 수학은 무조건 반복해서 풀고 영어는 그냥 문장을 통째로 암기해버렸다. 그 둘을 제외한 나머지 교양과목들은 대체로 공부하기에는 편했다. 다른 친구들도 처음 듣는 강의라 이해하는 수준도 비슷했다.

140명 중 우리 반에 유학생은 나 한 사람뿐이었고 나이도 가장 많았다.

수업분위기는 자유로웠다. 한국의 대학 강의와 큰 차이는 없었지만 입고 다니는 옷차림이 많이 자유스러운 듯했다. 가벼운 티셔츠에 반바지, 그리고 슬리퍼를 신고 등교하는 학생들도 있었다.

여학생들은 별 말썽을 부리지 않았다. 남자들이 더 말썽을 많이 피웠다. 수업시간에는 일부러 교수의 눈에 보이지 않으려고 일부러 맨 뒤 좌석에서 엎드려 자는 친구도 있었고, 선생님이 꾸중이라도 하면 그대로 일어나 교실을 빠져 나가버리는 녀석들도 있었다.

젊은 친구들과 어울리니 여기가 정말 일본이라는 실감이 들었다. 무엇보다 자신의 개성과 꿈, 색다른 개성을 자유스럽게 표현하는 것이 부럽기도 했다.

나는 그런 모습이 너무 아름다워 시간이 나는 대로 일본 친구들과 많이 어울렸다. 점심때는 친구들과(어린 일본 친구들) 학교 근처의 식당에 가서 식사를 했다. 가격은 180엔부터 550엔까지의 가격대가 있었다.

난 다행히도 음식을 가리지 않았다. 한국사람이 좋아한 음식은 좋아하고 또 일본사람이 좋아한 음식도 다 좋아했다. 주로 먹었던 점심은 우동(가락국수)·라면·카레라이스·도시락, 그 식당에 있는 메뉴는 모두 다 맛보았다. 참 맛있었다. 그러나 어린 시절 어머니의 사랑으로 손수 싸 주신 도시락이 문득 그리워지기도 했다.

그래서 가끔은 교포가 운영하는 한국 식당에 가서 한국음식을 먹기도 했다. 일본인 친구들은 정말 돈이 없었다. 점심 때 식사를 하다 보면, 180엔짜리 음식을 먹는 것이 대부분이었고, 한국 식당은 정말 고가의 음식이라서 엄두도 나지 않았다.

이제 어느 정도의 일본말은 들리지만 학기 초에는 정말 교수님 강의가 어려웠다. 무슨 말인지 알아들을 수가 없어 교수님 강의내용을 놓쳐버릴 때가 많았다.

특히 불러주는 내용을 필기할 때는 정말이지 어려웠다. 열심히 적었지만 알아듣지 못한 것은 한국어로, 또 반은 '일본어 반'이었다. 필요한 부분은 친구들 노트를 꼭 복사해서 공부했다.

교양 과목으로 중 역사과목이 있었다. 교수님의 연세가 60이 넘으신 분이셨다. 내가 한국유학생인 걸 아셨는지 "한국에 대해 한 시간만 나에게 강의를 해달라"고 부탁하셨다.

난 좀 어렵겠지만 해보겠다고 말씀드렸다. 다음 역사 시간에 강의를 했다. 강의 시작하기 전에 한국 위치를 물었는데 일본 젊은이들은 정말 믿기 어려울 정도로 한국을 모르는 사람이 많았다. 140명 중 10% 정도만이 한국의 위치를 알고 있었다.

일본에서 뉴스시간에 일기예보를 할 때는 한국과 마찬가지로 TV화면에 일본과 한국이 동시에 비춰지는데도, 한국이란 나라가 어디 있는지조차 모르는 사람이 그렇게 많이 있다는 것은 정말 나에게는 커다란 충격이었다.

난 이 시간에 일제시대의 일본의 만행과 내가 일본을 생각하는 느낌, 또 한국전쟁, 지금 북한과 한국과의 관계 등을 이야기해 주었다.

드디어 첫 시험날이 잡혔다. 사실 시험기간이라고 해서 특별히 나에게 시간이 더 주어진 것은 아니었다. 일상은 여전히 존재하고 돌아가야만 했다.

당연한 사실이지만 시험 전날은 식당일을 쉬고 싶었다. 그래서 마스터에게 부탁을 하니 사장 아들, 즉 사촌형에게 부탁해 보라고 했다. 정말 보기 좋게 거절당했다.

형은 간단명료하게 이야기했다.

"시험은 네가 보는 것이지. 이 식당은 시험과는 관계가 없으니 나와서 일을 하는 것이 좋아. 손님들은 네가 시험을 보더라도 식당에 찾아오니까."

그 말을 듣고 나는 기가 막혔다.

형이 어찌나 냉혹하고 비인간적으로 보였는지…. 한국적 사고방식으로는 친척이 아니라 남이라 해도 이런 부탁을 하면 들어준다. 그 순간은 머리가 확 돌아 버렸지만 난 다시 정신을 차렸다.

'그래, 당신은 그렇게 충분히 말할 수 있어. 내가 시험 보는 것과 식당하고는 아무 상관이 없지. 맞는 말이야.'

나는 식당에 아무 피해를 주지 않고 주어지는 시간을 최대한으로 이용해야겠다고 다짐을 했다.

아르바이트 시간을 조금 조정했다. 오후 4시 30분부터 밤 12시까지로 정했다.

나는 시험 전날에도 식당에 나가서 12시까지 일을 했다. 처음에는 많이 섭섭하고 불만스러웠지만 이 말씀이 기억났다. '하나님은 우리에게 감당할 수 있을 만큼의 짐만 지워주신다고….' 절대 그 이상의 짐은 주시지 않는다고 생각했다.

"사람이 감당할 시험밖에는 너희에게 당한 것이 없나니 오직 하나님은 미쁘사 너희가 감당치 못할 시험당함을 허락지 아니하시고 시험당할 즈음에 또한 피할 길을 내사 너희로 능히 감당하게 하시느니라"(고전 10:13).

나를 '더 큰 하나님의 사람으로 만들기 위한 연단'일 거라고 생각했다. 그렇게 생각하니 마음이 한결 편안해졌다.

밤이 깊어만 간다. 얼른 잠자리에 들고 싶지만 시험 걱정 때문에 그리 쉽게 잠을 청할 수 없었다.

시험을 준비한다는 것이 내 기억에는 존재하지 않는다. 믿지 않을지 모르겠지만 '벼락치기'가 고작이었다. 어릴 적 부모님의 기대로 인해 마음 한편이 무거웠지만 막상 책을 펴면 공부할 것이 없었다. 그런데 시험지를 보면 아무것도 생각나지 않으니….

이런 내가 변했다. 왜냐하면 그전에는 '가능성'을 발견하지 못했기에 쉽게 주저앉았다. 그러나 지금은 나의 충분한 가능성을 매일 새롭게 발견하고 있기 때문에 도전하는 데 상당한 매력을 느끼는 것이다.

시험기간이라도 여전한 일상을 묵묵히 지켜내야 했다. 밤 12시까지 식당일을 하고 집에 들어가 학교 가기 전까지 시험 볼 과목들의 서브노트를 보았다.

시험공부를 아침까지 하면 잠을 잔다는 것은 상상도 할 수 없었다. 그런데 피곤한 마음보다 얼른 시험시간이 다가왔으면 했다. 정말 이런 기분은 처음이었다. 마치 무엇에라도 홀린 듯한 기분이 들었다. 한숨도 자지 못하고 학교에 가는 데 조금도 피곤하지 않았다.

아마 나의 내면에는 내 자신을 객관적인 잣대로 평가해 보고 싶은 욕구가 지배적이었던 것 같다. 여태껏 땀흘리며 해 온 일인데 풍성한 수확을 맛보고 싶었다.

드디어 시작을 알리는 종소리가 울렸다. 시험이 시작된 것이다.

일본어 부족으로 문제의 내용을 잘 이해하지 못해서 풀지 못한 문제도 있었지만 대부분 아는 문제였다. 시험은 대체로 수월하게 끝이 났다.

그 순간 난 아주 소중한 것을 깨달았다. 한국에서 학교를 다닌 14년 동안 공부하는 것이 재미있다고 생각한 적이 불행하게도 한번도 없었다.

공부를 하는 것도 재미있을 수 있다는 걸 난 정말 처음 깨달았던 것이다. 한국에서 주위에 공부 잘하는 친구들도 많이 있었는데 그들의 기분을 난 이해하지 못했다.

하지만 지금은 그들의 심정을 조금은 이해하고 알 수 있을 것 같다. 누가 시킨다 해서 그렇게 공부를 한다는 것은 정말 불가능한 일이다. 본인이 스스로 공부에 대한 재미를 느껴야 한다는 것을….

난 공부한다는 것처럼 재미없는 것은 이 세상에는 없다고 생각했다. 시험이 기다려지고 본인이 모르는 부분이 어떤 부분인지 궁금해진 것이, 변해도 한참 변한 것이다. 이 변화가 나에겐 정말 중요한 것이다. 내가 지금까지 살아오면서 몇 년씩이나 공부를 했다. 결론은 오직 하나 공부란 정말 재미없는 것이었다!

지금까지 그 재미없는 공부를 해야만 했고 해 왔다고 생각하면 얼마나 불행한 일이겠는가? 또, 우리 아이들에게 본인이 그렇게 재미없다고 생각한 공부를 잘해야 한다고 자신 있게 말할 수가 있을까? 적어도 내 자신은 그런 아빠가 되지 않을 것이다. 아이들은 자연과 더불어 뛰어놀고 스스로 선택한 일은 열심을 보여야 한다는 것이 내 바람이다.

법관이 되기 위한 공부, 의사가 되기 위한 공부, 대통령이 되기 위한 공부, 어른들의 기준으로 좋은 직업이 아닌, 다들 꿈이 있는 목표로 열심히 하는 공부여야만 할 것이다.

누구나 마찬가지일 것이다. 어떤 일을 시작하면서 가지는 두려움들은 차츰 보이기 시작하는 결과물로 점점 잊어간다는 사실 말이다. 나는 목적 의식이 분명하고 공부하는 것도 습관이 되어 그렇게 힘들지는 않았다.

▼ 유학 축제 때 - 한국관

나에게 가장 중요한 것은 공부였다. 하지만 방학 때가 되면 가장 중요한 것은 돈 버는 것이었다. 다음 학기의 학비를 벌기 위해서는 어쩔 수 없는 노릇이었다.

학교를 안 가기 때문에 일하고 잠자는 것, 그리고 짧은 시간이지만 공부하는 것, 이것이 전부였다.

오후 4시부터 12시까지 지금까지 아르바이트를 했던 식당에서 일을 하고 곧바로 12시에는 양복차림에다 나비넥타이를 매고 술집 그라브(클럽)로 출근을 했다. 이른 아침 6시까지 일을 했다.

이렇게 밤에 일을 하니 잠을 잘 수 있는 시간은 낮뿐이었다. 불빛을 보면 잘 자지 못하는 나는 커튼을 몇 겹으로 준비했다. 이 때는 낮과 밤이 완전히 바뀌어 버렸다.

난 술집에서 서빙을 했다. 가끔 날 좋아하는 손님과는 같이 앉아서 이야기 상대도 해주고 손님들이 한국 노래를 듣고 싶어하면 노래도 불러주었다. 술집에서는 정말 별별 손님이 다 있었다. 가끔 한국을 '쪼끄만' 나라라고 비아냥거리며 무시하는 술 취한 손님들이 있었다. 정말 피가 거꾸로 치솟았지만 표현은 할 수 없었다.

'아, 그렇게 생각하시는구나!'

생각하면서 참아넘기곤 할 때가 많았다. 그러나 가장 참기 어려운 것은 한국에서 온 아가씨들이 술집에서 일을 하면서 우리 한국 유학생들에게 하는 일들이다.

난 술집에서 아는 손님들이 많았다. 왜냐하면 내가 일하고 있는 식당과 같은 건물에 있었기 때문이다. 그래서 손님들에게 내가 한국에서 온 유학생이라는 것이 자연스럽게 알려지게 되었다.

손님들 중에는 나와 노래하기를 좋아했던 손님들이 있었다. 가끔 담임교수가 찾아와 용기를 주셨고, 노래를 부르면 일본인 손님들이 젓가락 사이에 5천엔짜리 한 장을 끼워 그 젓가락을 컵에 넣어 흔들면서 나에게 다가와 공손히 건네주었다.

아침이 되면 윗저고리 주머니에 팁으로 받은 돈이 상당히 쌓였다. 그때 시간당 식당에선 800엔, 술집에선 2,400엔 정도였으니 2, 3만 엔은 정말 큰돈이었다.

난 그 돈을 모두 학비를 위해 모아 두어야만 했다. 내가 노래하면 유학생은 돈이 필요할 거라며 팁을 후하게 주는 손님도 많았다. 아가씨들은 내가 팁이 후하다 싶은 손님과 앉아서 이야기하는 꼴을 보지 못했다.

그래서 "삼촌! 얼음 좀 갖다 주라."고 부탁을 한 후 그 자리에 앉아 버린다. 그리고 일본손님 앞에선 웃는 얼굴이고 내 앞에선 정말 싸늘하고 무표정한 얼굴을 잊을 수 없다. 물론 그 웃는 얼굴은 억지로 만들어 낸 것이겠지만….

나의 꿈을 향한 몸짓은 이렇듯 계속되고 있었다. 그녀들도 꿈꿀 수 있는 자유가 있을까?

섭섭하고 냉정하게만 보이던 그들에게 따뜻한 한 마디 못 해 준 것이 마음에 걸린다. 자신의 삶의 방향을 설정하지 못하고 오직 하루의 수입을 위해 나에게 차가운 눈길을 보낼 수밖에 없었던 그녀들.

술집 주인은 한국사람으로 참 마음씨 좋은 아줌마였다. 일본인 종업원보다 일을 잘 못했지만 그들과 조금도 차별 없이 대해 주셨다. 내가 평소 어려움이 있을 때도 자기 일처럼 도와 주셨다. 아주머니의 배려로 그곳에서 일하는 동안은 내가 점장 역할을 대신했다. 원래는 점장이 없었지만 방학 때면 그곳에서 내가 점장으로 일을 했다.

가끔 한국 사람들이 들어와 오만 추태를 다 부리지만 일본인들은 그렇지 않았다. 술에 물을 같이 타서 마셔 적당히 취하는 것 같았다. 한국인들은 술이랑 원수 사이인지 술을 보이기만 하면 다 마셔 버렸다. 자연히 술에 잔뜩 취한 한국인들은 추태를 부리기 시작했다.

"여자들이 나랑 놀아 주지 않아서 술값을 내지 못하겠다구!"

고래고래 소리를 지르며 말 그대로 행패를 부렸다. 그러면 내가 정중하게 한국말로,

"죄송합니다. 이곳은 그런 곳이 아닙니다."

조용히 타이르면, 벌컥 화를 내며 주인을 불러오라며 큰

소리로 소란을 피우는 사람도 있었다.

　한국에서 온 손님들이 이렇게 마음을 한번 흔들어 놓고 가면 정말 한없이 나의 가슴엔 어두운 그림자만이 남게 된다. 내가 일본에서 식당일을 하며 공부를 하면서 일본사람들에게 자신 있게 말할 수 있었던 것이 즐거움이었다. 뭐냐 하면 88올림픽을 성공리에 마치고 눈부신 발전을 하고 있는 우리나라의 모습을 자랑스럽게 여기며 자랑했다. 가끔씩 살맛나는 소식도 전해 오니 역시 세상은 살 만한 것 같다.

　참 신기한 일이 있다. 식당일을 하면서 난 손톱을 한번도 깎지 않았다. 일을 열심히 하다 보면 손톱이 닳는다는 걸 처음으로 알았다. 설거지를 하고 고기에 양념 버무르는 일을 열심히 하다 보니, 손에서는 항상 이상한 냄새가 나고 손톱은 아주 적당하게 잘 닳아 있었다. 그 닳은 손톱들이 어디로 갔을까? 분명 고기에 섞여 누군가가 먹었을 텐데….
　지금 길게 자란 손톱을 보면 그 때의 잘 닳던 손톱이 생각난다.

8. 학교의 시행착오

다행히도 나는 2학년으로 진급할 수 있었다.
그런데 난데없이 날벼락 같은 소리를 들었다. 큰아버지께서 1학년을 더 다니지 않겠느냐고 하셨다. 난 이해할 수 없었다. 왜 그러실까?

내가 식당일도 이젠 능숙하고 일본어도 어느 정도 되니 식당에 계속 두고 싶으신 걸까?

그렇다고 학비를 부담해 주는 것도 아니면서…. 학비를 벌기 위해 1년 동안 더 고생할 것을 생각하면 어휴, 도저히 납득할 수 없었다.

그 뒤 '무언의 신경전'이 오가고 있을 때, 학교의 행정착오로 내가 장기간 결석으로 진급을 못 시켜주겠다는 통지문이 큰아버지 앞으로 발급된 일이 있었다.

일주일이 지나도록 나에게는 한마디도 안해 주시고, 일주일 후에야 그런 사실을 내게 이야기해주셔서 난 너무 놀랐다. 사실 난 한번도 결석한 일이 없었다. 지각한 일도 없는데. 난 학교에 가서 담임교수님께 그 엽서를 보여드렸다.

나보다 더 화가 난 사람은 담임교수였던 다나까 교수님이었다. 교수님은 내가 일과 공부를 같이하면서 힘든 내 사정을 잘 알고 계셨다. 그래서 일부러 아르바이트를 하는 곳까지 찾아오셔서 격려해 주시기도 했다.

다나까 교수님은 강력하게 행정실에 항의했다. 학교에서는 큰아버지와 나에게 정식으로 사과문을 보내왔다.

'뜻이 있는 곳에 길이 있다'고 하였듯이, 나는 어느덧 2학년 막바지에 접어들고 있었다.

한국에서 유학을 온 친구들이 11명 정도 있었는데 가끔 점심시간에 모여 같이 식사를 했다. 2학년이 되니 모두의 관심사는 오로지 취직이었다. 그래서 서로 알고 있는 정보에 대해 이야기했다. 11명 중 정보처리과에는 나, 그리고 나보다 10살이나 많은 여자분이 계셨다.

그분 역시 정말 공부를 열심히 하고 있었다. 안타까운 것은 현실적인 압력에 시달려 아르바이트만 많이 한 한국 학생들 중에는 졸업이 어려운 친구들도 있었다. 점심때 그들을 만나면 얼굴이 나보다 더 지쳐 보였다. 난 생활의 리듬이 잡혀 있었기 때문에 그렇게 힘이 들진 않았다. 일요일이라고 해서 낮잠 한 번 안 잤고, 새벽 2시 이전에 단 하루도 잠을 자지 않았다.

무사히 2년을 마치고 토호시스템(東方시스템)에 취업을 할 수 있었다. 우선은 통산성에서 연수생으로서 일을 배워 나가는 중이었다.

◀ 일본에서 술집 아르바이트

9. 가슴 시리게 사랑하는 이를 위해

사실 나는 1987년 8월 일본전문학교 학생 때 결혼을 했다. 지금까지 나의 사랑하는 아내 이야기를 하지 않았던 것은 아내를 생각하면 너무 마음이 아프고 아프다. 또 아파서 억장이 무너질 것 같아 의도적으로 쓰지 않았던 것이다.

아내도 유학생이었다. 그런데 못난 남편을 만나 공부를 다 마치지 못했다. 이 점부터가 날 억장이 무너지게 한다.

둘 다 공부하기엔 너무나 경제적으로 힘이 들었던 것이다.

방학이 되면 나는 새벽 6시까지 일을 하기 때문에 낮에 잠을 자야 했다. 그래서 아내는 밤을 혼자서 보내고 낮은 또 밤처럼 보내야 했다. 이 또한 얼마나 고역이었을까? 내가 잠이라도 설칠까 걸음을 걸을 때도 조용히 사뿐사뿐히 걸었다.

몇 겹으로 커튼이 쳐 있어 어둡기만 한 방에서 아내는 늘 나를 먼저 배려해 주었다.

시험 때는 내가 아르바이트 때문에 밤 12시가 넘어도 돌아오지 않으면 남편을 초조한 마음으로 기다리곤 했다. 밤이 깊어도 창가에서 저 멀리 보이는 가게문이 열릴 때마다 마음을 졸이며 나를 기다리던 아내의 모습.

남편의 학비가 부족해서 아르바이트를 해야만 했던 아내. 학생 때 결혼을 해서 신혼여행은 꿈도 꾸지 못했다. 아내만 생각하면 눈물이 앞을 가린다. 가장 화창한 시절, 나를 만나 고생만 하고 지금은 중년 부인으로 내 곁에 있다.

유학 시절, 아마 아내가 없었더라면 이만큼의 시련을 이겨내지 못했을 것이다.

참 나와 아내는 이렇게 만났다. 식당에서 일하고 있을 때 한국인 여학생이 한 사람 들어오게 되었다. 그 여학생도 유학생이었다. 큰아버지가 가장 아끼던 후배가 일본에 살고 계셨는데 그분의 추천으로 일본 유학을 왔단다. 그리고 큰아버지의 식당에서 아르바이트를 하면서 학교를 다니게 되었다.

처음 본 순간, 난 한눈에 반해 버렸다. 오직 앞만 바라보며 쉬지 않고 달려온 내 마음을 녹여 다시금 세상을 바라보게 만들었다. 정말 천사와 같은 존재였다. 특별히 나에게 맞는 이상형이라고 스스로 정의해놓았다거나 그런 것은 없었지만 한눈에 반해버린 것이다. 사랑에 빠지면 세상이 아름다워진다고 한다지….

'그럼 분명히 내가 사랑에 빠진 게 맞구나.'

그런 생각이 들었다. 우리는 주말 밤에만 만났다. 아니 일방적으로 내가 만나자고 졸랐다.

밤 12시 이후에야 일이 끝나니까 갈 수 있는 곳은 24시간 영업을 하는 곳뿐이었다. '데니스'에 가서 음악을 들으며 커피도 마셨다. 일본에서 유학생활을 하면서 느끼는 어려움이나 서글픔을 서로 위로해 주었다. 그러다 보니 우리는 서로를 더욱 신뢰하고 믿음을 쌓아갈 수 있었다. 시간이 갈수록 우리는 서로에 대해 마음을 열게 되었다.

늦은 시간이지만 전혀 피곤하지도 않고 너무나 행복한 시간들이었다. 피곤한 날의 청량제 같은 유쾌한 만남이었다.

큰아버지도 우리의 마음을 알고 계시는지 우리의 관계를 보이지 않게 지원해 주셨다. 심부름을 보내시려면 언제나 나와 같이 보내셨다. 민단 행사가 있을 때도 우리는 같이 가고, 물건 사러 가는 것도 언제나 동행했다. 우리는 짧은 시간이었지만 우리 둘만의 세상을 차츰차츰 건설해 나갔다.

우리는 데니스에서 결혼을 약속하고 큰아버지께 말씀을 드리자고 했다.

일요일 우리는 큰아버지와 식당 근처에 있는 커피숍에서 모닝 커피를 마시며, 우리 둘이 사귀고 있으며 서로 마음이 맞으니 결혼하겠다고 말씀을 드렸다.

큰아버지는 이미 우리의 관계를 알고 계셨다고 하셨고, 빨리 양가에 연락을 드리라고 말씀하셨다.

그렇게 해서 우리는 6개월여 만에 결혼을 하게 되었다.

그때 내 나이는 25살이었으니 정말 겁도 없이 결혼을 하게 되었지만, 지금이라면 그렇게 쉽게 결혼을 하진 못했을 것 같다.

돈 한푼 모아둔 것도 없이 그것도 외국에서 처자식 먹여 살릴 일까지 생각했다면, 정말 걸리는 것이 한두 가지가 아니었으리라 생각된다.

내가 집에 연락해서 식장과 주례 선생님은 아버지가 알아서 해주셨고, 나와 아내는 이틀 전에 귀국해서 결혼 준비를 했다. 서로의 정표로 시계와 반지는 공항 면세점에서 준비를 했고 나머지는 아무것도 필요가 없었다.

우리는 5일간의 휴가를 내서 결혼을 했는데 정말 시간이 없었다.

오는 날과 가는 날을 빼면 3일뿐이었다. 3일 안에 결혼식도 올리고 모든 걸 해야 하니 바쁘기만 했다. 우린 그냥 몸만 와서 결혼식만 하고 신혼여행도 못 가고 친척집에 인사를 다녔다.

지금까지 신혼여행을 가지 못해 두고두고 아내의 원성을 사고 있다. 정신없이 결혼을 하고 우린 다시 일본에서 신혼살림을 시작했다. 우리의 신혼살림은 숟가락 하나에서부터

둘이서 사다 모으기 시작했다. 소꿉놀이 같은 우리 살림들은 소박하지만 너무나 정겨운 것들이었다.

우리의 보금자리는 식당 기숙사였다. 큰아버지의 배려도 있었고 우리 둘 다 식당에서 아르바이트를 했기 때문에 식당의 기숙사인 그곳에서 생활을 할 수 있었다. 그렇게 넓은 곳은 아니었지만 생활하기에는 아주 편리했다.

큰아버지는 나에게는 별 관심을 주시질 않았지만 아내에게는 정말 잘해주셨다. 아내만 살짝 불러서 좋은 곳을 구경도 시켜주시고, 맛있는 것도 사주시고, 그리고 용돈도 가끔 주셨다. 내가 해주지 못한 것을 큰아버지가 대신해 주시니 정말 고마울 뿐이었다.

이렇게 어린 나이에 결혼을 하니 염려하는 사람이 많았다. 어린 나이에 결혼을 했으니 공부는 이제 끝이라고 생각들을 하는 것 같았다.

난 그런 사람들이 생각하는 것처럼 어리석은 사람이 되지 않으려고 정말 더 많이 노력했다. 한 학기를 남겨두고 우리의 귀여운 딸 영지가 태어났다. 일본에서 산후조리를 할 수가 없어 아내는 3개월 정도 귀국을 해 서울 큰언니 집에서 아이를 출산했다.

아이가 태어날 예정일에 맞추어 3일 동안 휴가를 내서 한국에 왔는데, 우리 딸은 세상에 나올 생각을 하지 않아 3일

동안 서울 구경만 다녔다.

나는 아이의 탄생을 지켜보지 못하고 다시 일본으로 돌아가야만 했다. 혼자서 3개월을 사는데 나는 바보였다는 걸 알았다. 그 동안 아내가 모든 걸 다 해주다 내가 해야 하니 막히는 게 한두 가지가 아니었다.

하루는 내가 옷도 제대로 챙겨 입지 못하고 러닝셔츠만 2개 입고 학교에 간 날이 있었는데, 반 친구들은 아무도 나에게 말을 해주는 사람이 없어 그 사실을 점심때까지 몰랐다. 한국 유학생들끼리 식사를 하는데 내 모습을 보고 다들 밥알을 튀기며 웃었다.

마지막 학기 학비를 내고 경제적인 압력이 너무 컸다. 딸아이의 우유값이 없어 물건을 사고 넣어두었던 녹슨 동전을 휴지로 닦아 은행에서 지폐로 바꿔 우유를 샀던 일도 있었다. 아내에게, 우리 딸 영지에게 어찌나 미안한지 눈앞이 자꾸만 흐려졌다. 불같은 나의 성격이 결혼을 한 뒤 많이 온순해졌다. 나를 변화시킨 몇 가지 사건이 있기 전에는 그렇게 착한 성격은 아니었다.

식당에서 술을 마시고 돈을 안내고 나가버린 사람들도 가끔 있었는데, 그런 일이 있으면 꼭 내가 잡아와서 처리를 했다. 식당에서도 화가 나게 만들면 기어이 화풀이를 하고야 마는 성격이었다.

아내는 식당 1층 카운터에서 일을 했고, 난 1층 홀과 주방에서 일을 했는데, 자주 2층 주방 사람들과 충돌했다. 내가 2층으로 씩씩대며 올라갈 때마다 아내 앞을 지나야 했다. 아내는 그럴 때마다 나를 따라 올라와 말렸다.

결혼하기 전, 일본말을 하지 못할 때도 화가 난 일이 있는 밤에는 자기 전에 오로지 싸우기 위해 일본말 연습을 했다. 한국의 욕을 일본말로 바꾸어 열심히 연습했다.

"야! 너 죽고 싶어?"는 눈치를 보면 욕이 된 것 같은데 "엿이나 먹어라!"는 말은 아무리 생각해도 욕이 아니었다. 일본말로 번역해보면 '사탕 먹어라', 혹은 '물엿이나 먹어라'라고 되니까 말이다.

한번은 손님이 바로 앞 식탁에서 음식을 먹으면서, '저놈들은 한국에서 할 일이 없어 여기에 와 돈버는 놈들'이라느니, '한국은 모든 면에서 아직 형편없는 나라'라는 얘기와 더 참을 수 없는 것은 아내를 놀리며 자존심을 상하게 하는 말을 해서 내가 정신이 확 돌아버릴 지경이었다.

내가 이성을 잃었을 때, 손님이 주문한 접시를 내가 손님이 앉아있는 테이블에 그냥 던져 버렸다. 12인분 접시이니까 정말 큰 접시였다. 다행히 사람은 아무도 다치지 않았지만 접시를 내던졌으니 식당 안은 '꽝' 소리와 함께 아수라장이 되고 말았다.

마스터와 종업원들은 '이래서 일 못하겠다'고 하면서 집에

가버리고, 손님들 역시 당황해서 다 나가버렸다. 그곳에 남은 사람은 나와 아내뿐이었다.

아내가 혼자서 아수라장이 된 식당을 한 마디도 하지 않고 정리하고 있는 모습을 보니 정말 후회가 되었다. 그때 나는 정말 중요한 것을 깨닫게 되었다. 내가 그런 어리석은 행동을 하면, 다른 사람도 아닌 내가 가장 사랑하는 이의 마음만 고생시킨다는 것을….

그 사건으로 인해 난 식당에서 해고되었다. 큰아버지께서 36년 동안 식당을 하셨는데 손님이 중간에 나가 버린 일은 난생 처음이었단다. 나 같은 사람이 식당에서 해고된 것을 당연한 일인 것 같았다.

식당에 나가지 않으니 집에서 쉴 수 있었다. 그러나 아내는 계속 식당에서 일을 했다. 저녁 식사 때는 항상 아내와 함께 식당에서 식사를 했는데, 아내 혼자 식당에서 식사를 해야 했던 아내의 마음도 불편하기는 마찬가지였다.

아내가 나중에 말해 주었는데, 내가 없으니 눈물이 계속 흘러 식사를 할 수 없었다고 했다.

나도 집에서 이런저런 생각을 하니 내 자신이 밉기도 하고 아내가 불쌍하기도 해서 괜히 눈물이 났다.

이날 밤 우리는 처음으로 서로 부둥켜안고 엉엉 소리를 내며 울었다. 식당에 나가지 않은 지 사흘이 지났다. 다른 일을 구해야겠다는 생각을 했다. 그런데 사촌형이 차나 함께 마시자며 날 찾아왔다.

평소에 별로 좋은 사이는 아니었지만 그때는 정말 따뜻한 형의 마음이 느껴졌다. 나를 이해한다며 위로해 주었다. 그러나 정도가 좀 심했다고 혼을 내기도 했다. 그리고 지금 큰아버지가 식당에 계시니 얼른 가서 큰아버지에게 죄송하다고 말씀드리고 빨리 식당에 나와 일을 하라고 했다.

그 날 오후에 식당에 가 큰아버지께 정말 죄송하다고 말씀을 드렸다.

큰아버지는 날 보시더니 눈물을 글썽이셨다.

"야, 이놈아! 다른 사람도 아니고 네가 그럼 쓰겠냐?"

큰아버지도 내가 며칠간 식당에 나오지 못하고 조카며느리만 나와 힘없이 일을 하는 모습을 보며 마음이 많이 아프셨단다. 두 손을 붙잡고 나에게 말씀하시는 큰아버지에게 그동안 가졌던 서운한 마음이 와르르 무너졌다.

이날 저녁은 내가 된장찌개를 만들었다. 큰아버지는 내가 끓인 된장찌개가 제일 맛나다며 정말 맛있게 드셨다.

그 후로 난 새롭게 태어났다. 흔히 말해 사람이 된 것이다. 그 날 다른 직원들에게 사과하면서 술을 마셨는데 새벽까지 술을 마셨다. 일본에서 술을 취하도록 마신 적은 처음이었다. 아침에 학교에 가는데 아직 취했는지 전철역에서 아는 친구에게 한국말로 인사를 했단다.

　난 일본말로 인사를 한다고 했는데…. 내 가슴 깊은 곳에는 한국에 대한 그리움이 쌓여 있는 것 같다.

▼ 아내와의 행복한 한때

8. 차 한 잔의 여유로움

내가 일본에서 생활한 지도 4년이라는 시간이 지났다. 순간순간의 시간은 정말 더딘 것 같았지만, 지나고 생각해 보니 영화의 장면들처럼 순식간에 지나가 버리는 것 같았다.

학교를 졸업하고 직장생활을 하니 시간도 여유가 생기고 나름대로의 생활을 할 수가 있었다. 6시에 퇴근을 하면 아내와 김치가 반찬으로 나오는 밥상에 앉아 오늘 무슨 일이 있었나 도란도란 이야기꽃을 피울 수 있었다.

회사에 들어가니 밤에 식당일을 하지 않아도 되었다. 그래서 밤이 되면 하늘을 나는 기분도 들었다. 밤에 식당일을 했었기 때문에 밤하늘에는 별이 있다는 것조차 잊고 있었다. 너무나 바쁘게 시간을 보내서일까?

여하튼 잊고 지낸 친구를 다시 만난 것처럼 가슴이 따뜻해졌다. 출퇴근 시간은 약 40분 정도 걸렸는데 전철로 출퇴근을 했다.

아침이면 정말 사람이 너무 많아 전철 안이나 역은 복잡해 발 딛을 틈도 없었다. 바쁜 아침이지만 뭔가를 향해 달려가는 이들의 모습이 꼭 고향을 찾아 물길을 거스르는 연어 같다는 생각도 들었다. 그 그림 속에 나도 한 부분을 차지할 수 있다는 것이 뿌듯하기도 했다.

회사에서 내가 해야 할 일은 컴퓨터 프로그램 개발업무였다. 처음 3개월은 정말 열심히 배웠다. 다들 친절하게 잘도 가르쳐 주었다. 직장생활을 일본에서 시작했기 때문에 적응하기가 그다지 어렵진 않았다. 이런 것이 직장생활이려니 하고 생각했으니까 말이다.

지금 생각해 보면 한국과는 많은 차이가 있었다. 아침 출근시간에도 사장이 직원들에게 먼저 인사를 하고 복도에서 만나도 인사했다. 들어오면서 먼저 인사하고, 먼저 본 사람이 꼭 먼저 인사를 했다. 지각을 했을 때도 윗사람이라 할지라도 부하직원에게 사과를 했다.

자신보다 낮은 자리의 직원이라 하더라도 최소한의 예의를 꼭 갖추는 것이 당연한 일이었다. 업무가 끝나면 회사동료들이 평소에 잘 다니던 술집이나 요릿집에 날 데리고 가 소개를 해주었다. 그때 느낀 것은 그들의 검소함이었다. 절로

감탄이 나올 정도였다.

정말 그들의 주량은 우리보다는 약한 것 같았다. 깡소주만 마시던 우리들과는 많이 달랐다. 소주도 물에 타서 마시고 절대 과음을 하지는 않았다.

한국에서 나는 정말 술을 못 마셨다. 지금도 못 마시지만. 그런 내가 여기서는 많이 마시는 편이었으니 말이다. 사장님도 한국을 좋아하시는 분이셨고 같은 부서의 야스토라는 과장도 나에게 정말 잘 대해주었다.

담당과장인 야스토씨가 나이는 많이 먹었는데 결혼을 하지 않았다. 정말 술을 좋아하는 과장이었다. 일본인 중 매일 술을 마시는 사람은 정말 드물었다. 그런데 이 과장은 아직 결혼을 안해서 그런지 빨리 집에 가고 싶어하지 않았다. 그래서 나를 붙잡고 술친구를 하자는데…. 나는 아내와 영지를 향해 뛰어가고 싶은 마음이 굴뚝같았다. 그런데 신나게도 그런 과장에게 애인이 생겼고 결혼을 하게 되었다.

야스토 과장이 결혼할 무렵, 같이 일을 맡아서 했는데 우린 일정을 지키지 못했다.

백화점 포스 프로그램 개발 일을 했는데 우리는 일을 하청을 받아 했다. 하청을 맡긴 업체에서는 1주일에 한번 점검을 나왔다. 난 점검 때마다 늦어지는 일정 때문에 많이 짜증을 낼 거라고 생각했다.

그런데 그 회사의 부장은 나에게 화는 안내고, 내가 그들 때문에 당황해서 일을 못할까 오히려 조심하며 말을 했다.
난 부장과 점심을 먹을 기회가 있어 살짝 물어 보았다.
"왜 화를 안 내셨어요?"
그 부장은 이렇게 말했다.
"사실 화는 나지만 일하는 사람에게 화를 내봐야 큰 의미가 없어서 화를 내지 않았어요."
회사에서 되도록 한국사람과 일을 할 수 있도록 추진을 많이 했다. 그래서 한국 인력을 동경으로 불렀다. 난 그들과 같은 팀이 되어 일을 하게 되었다.
일이 바빠서 한국사람들과 일본사람들이 새벽까지 일을 하게 되면, 뒷날 한국사람들은 그 다음날 오전 11시경에나 꼭 출근을 한다. 아니 숙소에 전화해서 내가 깨워야만 나오는 것이었다.
새벽까지 같이 일을 했던 나와 일본 사람들은 아침 9시 정시에 출근을 다 하는데 그 친구들은 그렇지 않았다. 오히려 내가 전화를 하면, "먹고 살자고 하는 짓인데 피곤해서 지금 못나가겠다."며 나를 무안하게 했다.
일본사람들은 정시에 나와 나에게 "그 친구들 어떻게 된 거냐?" 물으면서, 이렇게 늦게 나오려면 왜 새벽까지 일하는지 모르겠다며 화를 냈다.
중간에서 난 입장이 난처할 때가 한두 번이 아니었다. 이렇게 프로젝트가 하나 끝나면 한국에서 온 친구들이 귀국해

버리고 나 혼자만 일본에 남아서 그 뒷정리를 다 했다.

또 다음 프로젝트가 나오면 한국과 일을 해보려고 나름대로는 힘을 많이 썼다. 그 과정에서 한국인들에게는 '일본놈이 다 됐다'는 말도 많이 들었다. 나는 최선을 다한다고 그랬는데 내 마음을 너무 몰라주는 것 같아 너무 속상했다.

그리운 조국이여! 언제부턴가 난 신문을 볼 때 국제면을 제일 먼저 읽기 시작했다. 몇 줄 안 나오지만 우리나라 소식이 정말 그리웠고, 몇 줄에 불과한 기사지만 내게는 커다란 위안이 되었다. 가끔 우리나라 소식이 TV에라도 나오면 얼마나 기쁘고 즐거웠는지 모른다.

우리 영화를 할 때는 자막이 일본어로 나오고 그냥 우리말이 그대로 나오는데, 정말 이상하게도 그냥 화면을 보면서 평소에 TV를 보듯이 음성만 들으면 되는데 자꾸 자막에 나오는 일본어를 읽으려고 애를 썼다.

어느 순간, '아참! 지금 우리말로 나오는 거지.' 하며 아내와 둘이서 웃기도 했다. 나라를 떠나면 누구나 애국자가 된다고 했다. 나라 밖에 있을 때 우리 나라는 더욱 잘 보였다. 우리나라에 대해서는 귀를 활짝 열고 소식을 얻으려고 노력을 했던 탓이다.

그러나 일본의 사회문화·사회 정책 중 우리가 배워야 할 점도 많았다. 특히 복지문제는 확연히 비교가 되었다. 우리 영지를 한국에서 출산했지만 일본구청은 아이에게 필요한 유아용품들과 14만 엔(대졸자 1달 월급 수준)이 구청장의 이름으로 우리에게 전달되었다. 이 액수는 출산비용과 항공료를 제하더라도 남는 금액이었다.

우리가 살고 있던 집이 법적으로 문제가 있어 집을 비워 줘야 할 형편이 되었다. 큰아버지가 교포에게 사기를 당한 것이다. 이사할 때부터 문제가 있다는 것을 알고 있었기에 그렇게 놀라진 않았지만 법원에서 집을 달라는 사람이 왔다.

우리 부부는 그들의 태도를 보고 정말 놀랐다. 그들은 우리에게 정말 정중하게 인사를 하고 좀 집안에 들어가서 이야기를 하고 싶다고 했다. 그들은 우리 앞에 정중하게 앉아 그들의 사정을 이야기했다.

이 집을 우리가 비워 줘야 하는데 이사하려면 어느 정도 시간이 필요한지 우리에게 물었다.

아내가 그들에게 차를 대접하는 동안, 나는 우리 사정을 설명했다. 아직 유학생이고 아이가 너무 어리고 날씨가 추워 시간이 많이 필요하다 했더니 그럼 조금 날씨가 따뜻해지면 이사를 하라며 4개월 정도 시간을 주었다.

그들은 우리가 조금이라도 마음의 상처를 받지 않을까 염려하고 있었다. 조심조심 우리에게 말을 건넸다. 아주 작은 배려이지만 나에겐 큰 감동을 안겨 주는 사람들이었다.

우리 부부는 날씨가 따뜻한 어느 봄날 같은 '오오따구'에 있는 '니시마고메'라는 곳으로 이사를 했다. 번화가는 아니지만 깔끔히 정돈된 곳이었다.

우리의 보금자리는 조그만 아파트였다. 한국 수준이라면 빌라 정도일 것이다. 큰집은 아니지만 처음으로 우리가 집세를 내고 얻은 집이다. 집세 3개월분을 지급하고 매월 8만엔을 지불해야 하는 월세였다.

처음 원룸으로 이사할 때는 짐이 없어 이삿짐을 손으로 날랐는데 '니시마고메'로 이사할 때는 차가 필요했다.

이 곳은 정말 아는 사람이 하나도 없었다. 오로지 우리 가족만을 의지하며 살아야만 했다. 일본은 맞벌이 부부가 많아서 아이가 태어나면 6개월 후부터 보육원에 보낼 수가 있다. 물론 신청을 해도 6개월 정도의 시간이 걸리기 때문에 미리미리 보육원에 보낼 것을 신청해야만 된다.

우리 큰딸도 2살 때부터 보육원에 보냈는데 구에서 운영하는 곳이기에 상당히 시설이 좋았다. 어린이 3명당 보모가 1명 있었고 아침에 어린이가 보육원에 도착하면 제일 먼저 어린이들의 건강상태를 검사한다.

아내는 아이가 보육원에 있는 동안 논노JAPAN에 나가서 일을 했다. 만일 어린이에게서 미열이라도 있으면 어린아이를 받아주지 않고 어머니가 보살피도록 한다. 우린 매일 아침 긴장을 해야만 했다. 아이가 열이 있으면 아내는 회사를 출근할 수 없었다. 그래서 우린 아침에 일어나면 곧바로 체온을 재어 보는 것이 습관이 되어 버렸다.

보육원에서는 하룻동안 있었던 모든 것을 노트에 적어서 우리에게 알려준다. 보지 않아도 우리가 이해하기 쉽게 아주 구체적으로 적혀 있었다. 일반적인 통보에서 그치는 것이 아니라 아이가 몇 시에 무엇을 얼마만큼 먹고, 낮잠은 언제 자는지, 야채를 아이가 싫어하니 아주 어린 시절부터 먹는 연습을 시켜야 한다든지….

읽은 후에는 우리의 의견을 적어서 보내야 했다. 우리 아이는 몇 시에 자고 무엇을 얼마만큼 먹고 대소변 시간대까지 정확하게 알려 주었다.

나는 회사에서 일본인과 동등하게 업무에 투입이 되어 프로그램을 개발했다. 일본 대기업에 파견이 되어 일을 할 때는 정말 기분이 좋았다. 그들은 내가 한국인이라는 사실을 알지 못했다. 업무 처리면에서나 언어면에서도 별다른 부족함 없이 처리할 수 있었다.

큰아버지도 내가 회사에서 일본인들과 동등하게 일을 하는 것에 대하여 무척 만족해하셨고, 같이 식당에서 일을 했던 사람들은 무척이나 부러워했다.

아내는 이곳에서 생활하면서 너무나 외로워했다. 나 역시 정말 외로웠다. 우리는 아이 교육문제도 있고 해서 귀국하기로 결정을 했다. 아이가 4살이 되니 상당히 혼동을 했다. 집에서는 한국말을 하고, 보육원에서는 일본말을 했으니까 말이다.

　아이는 보육원에서 교육을 받아 상당히 예의가 밝았다. 집 안에서 내 앞을 지나가면서도 "고멘네(미안해요)." 하고 지나가고, 항상 사람의 등뒤로 지나가려고 노력을 하는 모습이 정말 보기 좋았다.

　신발을 벗을 때는 뒤돌아 다시 한번 자기 신발을 꼭 바르게 정리하는 모습을 보였다. 그러나 너의 뿌리는 한국이란 것을 알려 주고 싶었다. 그리고 우리가 추구하는 한국의 정신이 무엇인지도 알려 주고 싶었다. 정말 9년이라는 세월이 빨리도 지나갔다. 귀국을 결정하고 알고 지냈던 사람들에게 작별인사를 했다.

　내가 다니던 회사에서 귀국 파티를 해 주었는데 정말 섭섭했다. 갑자기 일본 생활을 마감하려니 지난 시간들이 뇌리를 스쳐 지났다.

　어느 새 나의 두 눈에는 눈물이 흐르기 시작했다. 회사를 그만두는 것뿐만이 아니라 일본생활을 마감해야 하니 감당할 수 없는 설움이 밀려 왔다.

　갑자기 맨 처음 일본에 와서 느꼈던 낯섦이 그리워진다. 그 동안 일본에서의 아름다운 만남들, 끝없이 흘렸던 눈물들 하나도 잊지 않고 기억하고 싶다.

3장 귀국, 사업을 시작하다

1. 다시 한국으로 ▶ 113
2. 사업을 시작하다 ▶ 120
3. 우리의 날개를 찾기 위해서 ▶ 122
4. 큰아버지가 돌아가시다 ▶ 131
5. 장인어른이 돌아가시다 ▶ 134
6. 빚보증 때문에 ▶ 136
7. 함께 가자, 우리 이 길을 ▶ 141

1. 다시 한국으로

우리는 91년도 아주 추운 겨울에 귀국을 했다. 살을 에이는 듯한 추위라고나 할까? 정말 추운 겨울이었다. 어찌나 지독하게 추운지 김포공항에서 자동문이 열리자 숨이 멎는 듯했다.

우리는 얼른 택시를 타고 서울 처갓집으로 왔다. 난 서울에서 살아본 경험이 없었다. 지방에서 거의 생활을 했던 난 손에 꼽을 정도로만 서울에 와본 경험이 있을 뿐이었다.

내가 서울에서 가장 길게 머물러 본 것은 사흘이었다.

그 외에는 1년에 한 번, 일본에서 한국으로 들어올 때의 경유지에 불과했다.

조국을 얼마나 그리워했는지 낯선 서울이지만 따뜻한 정감을 기대했다. 처음 일본의 매정함을 보고 너무나 이기주

의적이고 계산적이란 생각을 했다. 역시 이런 면에서는 우리나라가 참 좋다고 친구들에게 소리 높여 이야기했다. 그런데 그것은 나의 환상에 불과했다. 서울에 와서 가장 처음 생각한 것은 그 추운 겨울에 아이와 외출을 하는데 승차거부가 너무 많아서 꼭 차를 사야겠다는 것이었다.

날씨는 춥지 택시는 그냥 지나가지 정말 짜증이 났다. 배웅 나왔던 형님이 택시를 잡다 화가 나서 택시를 잡기 위해 도로 중간까지 쫓아가서 차를 발로 차버린 심정도 이해가 충분히 되었다. 물론 차는 맞지 않고 죄 없는 구두만 멀리 날아갔지만 말이다.

서울에 와서 보니 집들이 정말 넓었다. 일본에서 우리는 7평 정도에서 아무 불편 없이 편안하게 살았다.

난 처음에 귀국해 집을 구하려고 여기저기 구경을 했는데 19평짜리 빌라를 보았다. 정말 대궐처럼 느껴져서 바로 계약을 하려고 했다.

그런데 형이 와서 이렇게 좁은 집에서는 살 수 없다며 극구 반대를 하는 바람에 포기하고 24평 빌라를 샀다. 정말 대궐이었다.

얼마 전 공항에서 어이없는 일을 당했다.

내가 목동에 살고 있을 때의 일인데 일본에서 친구들이 놀러와, 공항에서 택시를 타고 "목동 갑시다." 했더니 운전사 아저씨 인상이 갑자기 이상해지더니 공항입구까지 나와서 가스가 막혔다나?

우리는 정말 이러지도 저러지도 못할 위치에서 고생했다. 그곳은 공항에서 다 택시가 손님을 태우고 나와 빈 차가 없어 정말 고생을 했다. 고장이 났다고 거짓말을 했으면 우리가 없어질 때까지라도 그 자리에 있어야지 우리가 서자 바로 '부웅' 하고 가버렸다.

정말 한국의 모습은 이 정도로밖에 소개되지 못했다. 그들은 도무지 이해를 하지 못하겠다는 듯한 표정이었다.

횡단보도에서도 이건 사람의 편리를 위해 만들어진 것인지 차를 위해 만들어졌는지 궁금하다. 신호등이 없는 횡단보도는 어떻게 지나가야 하는지 난 지금도 잘 모르겠다. 무엇보다도 이웃 일본은 사람이 우선인 것은 확실하다.

난 처음에 몇 번이나 죽을 뻔했다. 내가 지금까지 살아 있는 것은 다 아내 덕분이다. 처음에는 나더러 내 명에 못 살 거라고 했다.

그리고 전철역에서 일인데 기본적으로 손님이 타고 내려야 하는지, 내린 다음 타야 하는지를 아직도 모르는 사람이 너무나 많았다. 정말 적응하기 힘들었다. 어깨를 누가 더 세게 부딪치기 시합을 하는 것 같기도 하고 게다가 상대방에게 화내기에 바쁜 사람들. 발을 밟고도 모르는 척 먼 산만 보고 있는 사람, 신문을 보는 것까지는 좋은데 내 얼굴 앞까지 넓게 펴서 보는 사람, 서로 앉으려고 달리기를 하는 사람. 핸드

폰은 왜 그리 크게 받는지….

하루 종일 사람들과 부딪히는 것 같아 마음이 영 좋지 않았다. 텔레비전에서 어떤 사람이 나와서 했던 말이 생각난다. 그 나라의 의식이나 국민성을 감안해서 나라의 법이나 공중도덕 등을 평가해야 한다는 말.

우리의 자리는 지금 어디일까? 이제는 나도 이런 것들에 익숙해졌다. 횡단보도에선 항상 몸을 조심해야 한다는 것과 부딪히면 짜증을 내니 미리 피해 버릴 것, 서울에서 살아남기 위해서 터득한 법칙이다.

한 달이 지난 후, 일본에서 보낸 이삿짐이 도착했다는 연락이 와서 세관으로 나갔다. 세관직원들이 이상한 트집을 잡았다. 냉장고가 신제품이니 세금을 많이 내야 한다는 등…. 분명 쓰다가 들여온 건데….

그리고 비디오로 시선이 옮겨졌다. 난 이상한 테이프는 하나도 없었는데 다 확인하자고 하면 시간이 많이 걸릴 거라는 생각에 조금은 걱정이 됐다.

그런데 세관 직원이 무슨 공부를 하고 들어왔느냐고 물어서 컴퓨터 정보처리 공부를 하고 들어왔다고 했다. 비디오테이프 상자를 보더니 "아, 이거 디스켓이구먼." 하고 통관을 시켜 주었다. 다행히 우리의 살림살이는 무사히 우리의 품으로 돌아올 수 있었다.

자! 이제 다시 시작이다.

낯선 일본에서도 우리는 어려운 것도 잘 이겨내지 않았는가? 마음속으로 "파이팅!"을 외치며 집으로 향했다.

오늘은 유난히도 달이 밝고 내게 환한 웃음을 보낸다. 한국으로 돌아온 지 한 달 만에 유니온 시스템 연구소에서 일자리를 구했다. 그리고 또 우리에겐 이쁜 둘째딸인 원지가 태어났다.

한 달 동안 집에서 쉬면서도 전혀 지루하다는 것을 하나도 느끼지 못했다. 오히려 일본에서보다 더 긴장이 되었다. 일본에서 일본 생활에 익숙해지는 시간이 상당히 걸렸는데 한국에서도 그 시간이 필요했다.

제일 먼저 언어의 문제다. 물론 한국말을 잘 하지만 일본에서 그렇게 생활하고 돌아왔는지라 한국말이 나오는 시간이 좀 걸려 더듬기라도 하거나 표현이 좀 이상하면, 아주 멍청한 사람을 쳐다보는 것처럼 어이없다는 표정으로 날 대하는 사람이 많았다. 정말 짜증이 나고 힘들었다. 특히 관청에서 이런 일이 많았는데 상대가 그런 표정으로 날 대할 때는 난 더 당황해 혼자서 허덕거렸던 일이 많았다.

정말 이런 내가 싫었다. 내가 정말 그들이 생각하는 것처럼 부족한 사람으로 보였다면, 그 부족한 사람이 자기 일을 무사히 마칠 수 있도록 최선을 다해 도와주는 것이 도리라 생각한다.

지금 생각해보니 내가 사람들과 많이 부딪혔던 것은, 일본은 좌측통행을 하고 한국은 우측통행을 해서 일본과 한국의 통행방향이 다르기 때문이라 생각된다. 수년이 지나간 지금도 가끔 혼동될 때가 있다. 일본에 출장을 다녀오다 공항에 들어서면 공항의 에스컬레이터는 정말 난장판이다. 처음에 무질서하기 짝이 없다고 생각만 했는데 납득이 갔다.

에스컬레이터를 탈 때 급한 사람들이 지나가기 위해서 한국에서는 우측에서고 일본은 좌측에 선다. 그러니 일본에서 오는 비행기가 도착하면 한국사람은 우측에 서고 일본사람은 좌측에 서 있으니 무질서하게 느껴지는 것은 당연한 것 같았다.

일본에서 직장 생활을 처음 시작한 터라 서울에서의 생활을 적응하기란 쉽지가 않았다. 특히 이해할 수 없는 모습들 투성이었다. 여기서 다 지적하자면 끝이 없겠지만 몇 가지만 이야기하겠다.

우선 근무시간에 사적인 전화를 많이 하는 것. 3시 정도에 출출하다며 라면 먹으러 나가는 것. 피곤하다고 사우나에서 잠자다 오는 것. 서로 인사를 잘 나누지 않는다는 것. 높은 사람일수록 인사를 하면 받는 건지 안 받는 건지 분간을 할 수가 없다는 것 등이다. "안녕하세요."라고 인사를 하면 입은 벌레라도 들어갈까 봐 그러는지 꽉 다물고 고개만 끄덕이는 것. 솔직히 마음에 들지 않는 점이 한두 가지가 아니었다.

일본에서는 근무시간을 철저히 지키고 시간 외 근무를 했을 때는 정당하게 수당을 청구한다. 일본에서 업무시간에 사적인 전화를 한다는 것은 얼마나 눈치가 보이는지 아마 한국 직장인들은 상상도 못할 것이다.

그리고 한국에서는 컴퓨터를 하는 사람이라면 프로그램도 잘 짜야 하고 하드웨어도 잘 알고 있어야만 했다. 일본에는 자신의 전문 분야가 철저히 구분이 되어 있기 때문에 난 소프트웨어 전공이어서 드라이버 한번 못 만져보고 귀국했다. 주어진 일을 하는데 조금은 힘겨웠던 부분도 있었다.

같이 퇴근은 했지만 다시 사무실로 들어와 새벽까지 그 일을 할 때도 있었다. 모르는 하드웨어도 겸해야 하기 때문에 많이 허덕였다.

우리 직장의 다른 사람들이 내 눈에는 만물박사들로 보였다. 부족한 부분을 남에게 들키지 않기 위해 부단히 노력했다. 이렇게 1년을 보내니 이제는 남부럽지 않을 만큼의 실력도 갖추게 되었다.

2. 사업을 시작하다

실력을 갖추게 되자 욕심이 생겨났다. 정말이지 한번은 꼭 해보고 싶던 '사업'에 대한 꿈이 생겨났다. 잘 할 자신이 있었다.

아내는 조금 말리는 기색도 있었지만 내 결심이 확고하자 격려하며 따라 주었다.

나는 사장님에게 사직서를 제출했다. 그런데 사장님은 받아 주시지 않았다.

사장님께서는 나를 달래며 말씀하셨다.

"지금 하고 있는 일이 맘에 안 들면 다른 부서로 옮겨 주겠네."

내가 지금 부서에 불만이 있다고 오해를 하신 듯했다. 어쩔 수 없이 좀 비겁한 방법을 선택했다. 사장님이 외국출장

기간에 이사님께 사직서를 제출했다.

31살에 사업의 '사'자도 모르면서 덤벼들었다. 그때는 두려움보다는 '정말 내가 원하는 것을 이제야 하는구나!' 싶어 너무 행복했다.

그리고 사업도 처음에는 순조롭게 진행되었다. 그러나 엔지니어 출신인 내가 영업을 한다는 것은 정말 어려웠다. 특히 한국에서 영업의 경험이 전혀 없는 내가 잘 나간다는 것부터가 논리에 맞지 않는다. 사업 거래 후에는 항상 이해할 수 없는 뒷돈이 따라다녔고, 계약 후 한바탕 마시는 술자리들…. 이런 것들이 한국 영업의 일반적인 공식이었다.

이 바닥의 공식을 따르며 열심히 한다고 했건만 방향은 자꾸만 비틀어져 가고 있었다.

우리 회사의 자금도 점점 나빠져 '돈 구경'이라고는 하기 힘든 지경에 이르게 되었다.

꼬이기 시작한 실타래는 풀릴 기색이 전혀 보이지 않고 날이 갈수록 더 크게 꼬이기만 했다. 우리 직원들과 가족들 생각이 났다. 죽을 만큼 미안하지만 어찌해도 해결할 방법이 없었다.

엎친 데 덮친 격으로 장인어른이 중풍으로 쓰러지셨다. 아내의 뜻으로 장인어른을 우리가 모시게 되었다. 그래서 우리 가족은 나와 아내, 큰딸 영지와 태어난 지 얼마 안된 막내딸 원지, 마지막으로 장인어른, 이렇게 5명이었다.

3. 우리의 날개를 찾기 위해서

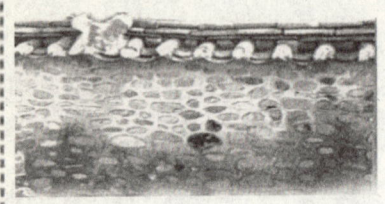

중풍은 하루아침에 사람을 망가뜨렸다. 누가 보아도 정정하시던 분이 중풍에 걸릴 줄이야! 장인어른은 정말 하루아침에 '반신불구'가 되고야 마셨다.

나는 나대로 사업이 꼬여서 죽을 맛이었고, 아내는 장인어른을 보살피느라 꼼짝도 못하였다. 우리의 생활은 어둡고 깊은 구렁텅이로 빨려 들어가고 있었다.

그래도 나는 집에서 나가면 오직 바깥일만 신경 쓰면 되었지만, 아내는 하루 종일 장인의 뒤처리와 아이들을 돌보느라 정신이 없었다. 게다가 남편이라는 사람이 이 모양이니….

아내가 너무 안쓰러웠다. 그래서 장인어른의 목욕당번과 머리 자르는 일은 내가 맡기로 했다.

회사에서 일이 잘 안되고 힘이 들 때면 그냥 일찍 집에 와서 장인어른을 목욕시켜드리고 머리를 잘라드리고 나면 마음이 한결 편해졌다. 그러면 장인어른도 내 마음을 아시는지 활짝 웃으셨다.

장인어른과 좀더 편안히 생활을 하기 위해서는 좀더 넓은 집이 필요했다. 그래서 우리는 살던 집을 전세로 놓고 바로 옆 아파트로 이사를 가기로 결정했다.

우리 집에 전세로 들어올 사람과 계약을 하고 또 우리가 이사 갈 곳까지 계약을 마쳤다. 그리고 이사하기 하루 전에는 계약금을 완불해야만 했다. 결국은 이사 하루 전날까지 오고야 말았다.

저녁 7시까지 기다렸지만 허사였다. 아무리 사정을 해도 그 사람도 약속을 지켜줄 형편이 못되었다. 아내는 아침부터 회사 근처에서 돈이 나오기만을 기다리고 있었다. 나를 바라보는 아내에게 난 아무 말도 해 줄 수 없었다. 난 고개를 떨구지 않을 수 없었다.

우리는 허탈한 마음으로 집으로 돌아올 수밖에 없었다. 전철을 타기 위해 한강변 옥수 역으로 나갔다. 정말 푸른 한강 물만 보였다. 멍하니 우리는 한강에 시선을 던진 채 할 말을 잊었다. 우리 식구만 있으면 계약이 파기되고 계약금이 없어진들 단칸방에서라도 어떻게 살아 보리라 생각을 할 수 있었다. 그런데 몸이 불편하신 장인어른을 모시고 어떻게 살아가야 할지 정말 앞이 캄캄했다.

전철이 오든 말든 신경 쓸 겨를조차 없었다. 오직 한강만 바라보며 생각에 잠겨 있었다.
'저기에 빠지면 죽을 수 있을까? 우리 가족들은 어떻게 될까? 더 어려워지겠지. 날 정말 용서 못할 거야. 능력 없는 아버지요, 남편이요, 사위를 정말 아무도 용서하지 않을 거야.'
정말 내 자신이 한없이 미웠다.
'이렇게 어렵고 힘드니까 사람이 정말 죽을 생각도 할 수 있겠구나!'
시간이 얼마나 흘렀을까? 아내가 단호하게 결단을 내렸다.
"동관씨! 우리 모든 것을 잊어버리고 다시 시작하자! 아직 젊으니 처음부터 우리에게 없었던 것으로 생각하고 월세라도 마련해 살아야 되지 않겠어? 우리 아이들을 생각해서라도 말예요."
그 말 한 마디가 지금 이 순간까지 날 울리고 있다. 그 말 한 마디가 나를 살려주었고, 나에게 힘이 되어주었다.
전철을 타고 경기도 부천 옆에 있는 중동지구로 향했다. 중동 역에 도착해서 부동산을 찾으니 한창 분양 중이었다. 입주철이어서인지 부동산이 참 많이도 들어서 있었다.
'부동산에 들어가서 뭐라고 하지? 멀쩡하게 생긴 사람이 단칸방 월세를 구한다? 그것도 중풍환자까지 모시고 있다는 사정을?'

선뜻 용기가 나지 않았다.

여기저기 기웃거리다 겨우 들어가 볼 만한 곳을 찾았다. 시간은 밤 9시가 조금 안되어 있었다.

용기를 내고 부동산을 들어가려는 순간, 호출기가 울렸다.

내가 다니는 서울 목동에 있는 늘사랑교회의 정영기 목사님이셨다.

"손 집사님, 돈 안됐죠? 지금 어디에 계세요?"

'중동지구'라는 말이 정말 나오질 않아 그냥 서울이라고 대답했다.

우리 아이들이 종일 목사님 사택에서 놀고 있으니 우리 사정을 속속들이 다 알고 계신 터였다. 목사님께서 그럼 빨리 사택으로 들어오라고 하셨다. 교회건축을 위해 들어놓으셨던 적금을 깨신다는 것이었다.

10시가 넘어서 사택에 도착했다. 교회 집사님과 재정을 보시는 분들이 우리를 기다리고 계셨다.

하나님께 감사한다.

나를 항상 기억해 주시는 걸 느꼈고, 하나님의 끊을 수 없는 사랑을 그 즈음 알았다.

여하튼 이런 우여곡절 끝에 우리는 이사를 하게 되었다. 새 집은 넓고 좋았지만 별로 정은 가지 않았다. 7개월을 그 집에서 살았지만 베란다에도 한번 나가 보지 않았다.

교회와 관련된 돈이 무척이나 부담스러웠다. 빨리 해결을 해야 하는데 좀처럼 해결점이 보이지 않았다. 그래서 우선은 교회와 관련되어 있는 돈을 빼주기로 했다. 그리고 집값이 싼 일산으로 이사를 하기로 했다. 무엇보다 마음이 편하고 싶었다.

그러나 사업은 일어나려는 기미조차 보이지 않았다. 결국엔 산본에 사두었던 집이 은행으로 넘어가고 말았다.

집에 들어가기가 싫어 자동차로 집 근처를 몇 바퀴나 돌았을까? 저속으로 계속 돌고 또 돌자, 수상하다고 생각했는지 언제부터인가 내 뒤에는 경찰 순찰차가 따라붙어 있었다.

그걸 알면서도 난 계속 돌고 또 돌았다. 순찰차는 아무 저지도 하지 않고 몇 바퀴를 계속 따라 돌다 결국 내 앞에 차를 세우고 두 명의 경찰이 내려서 나를 검문했다.

이런 날이 자꾸만 반복되었고 난 점점 의욕을 잃어 가고 있었다.

아내는 매일 아침 변함없이 회사에 잘 다녀오라고 와이셔츠를 곱게 다림질해주고, 나는 웃는 모습으로 집을 나갔지만 마음이 춥기만 했다.

아내가 다려 준 옷을 입고 간 곳은 법원이었다. 밀린 임금 때문에 직원들의 고발로 난 판사 앞에서 재판을 받아야만 했다. 아내에게는 아무런 말도 못하고 힘들지 않은 척 언제나 웃으려 노력했다.

'조금만 더 참자! 그러면 분명 좋은 날이 올 거야!'

나만의 주문을 걸며 하루하루를 지탱해야 했다. 그러나 나의 주문은 별 효과가 없었다. 집으로 경매 딱지가 붙었다. 정말 기가 막히는 노릇이었다. 집달관들에게 사정해 중풍으로 누워 계신 장인어른의 방에는 들어가지 말아달라고 부탁해 다행히 장인어른은 알지 못했다.

가족들이 얼마나 놀랐을까? 나의 잘못된 판단과 선택으로 고통받는 우리 가족에게 죽을죄를 짓는 것 같았다. 하루에 수십 번 넘게 자살을 생각했지만, 그러면 가족들이 받을 상처는 배가 될 것을 알기에 나는 다시 회사에 들어가기로 했다. 이 모든 것이 하루 만에 결정이 났다.

나는 당장 일본에서부터 알고 지냈던 어느 회사 사장님에게 일자리 부탁을 했다. 내 회사의 컴퓨터를 비롯한 모든 것을 버리고 다시 시작하기로 했다. 다행히 나는 아직 쓸 만한 물건이었는지 그다지 어렵지 않게 일자리를 구할 수 있었다.

첫 월급을 탔는데 받은 날 모두 공중분해가 되어버렸다.

내가 회사에 들어갔지만 일산도 어느새 전세값이 하늘 높은 줄 모르고 치솟았다.

지금 살고 있는 곳에서 계속 살 수가 없었다. 그래서 더 깊숙한 산골로 이사를 해야만 했다.

난 그때 회사에서 중동 중·고등학교 학사관리 프로젝트에 투입이 되어 있어 집에도 제대로 들어가지 못할 정도로 바빴다. 집을 이사해야 하는데 내가 도저히 시간이 나지 않아 아내 혼자서 집을 알아봐야 했다.

아내는 조그마한 연립주택이라도 하나 장만하자고 했다. 집을 알아보는 것도 계약하는 것도 아내에게 짐을 지웠다. 물론 나도 같이하고 싶었지만 입사 초라 일도 바쁘고 눈치가 보여 도저히 그럴 수 없었다.

아내가 내게 전화를 해서 물어왔다.

"중심가는 아니지만 좋은 곳이 있는데 계약하면 어떻겠어요?"

나는 잘 알아서 결정하라고 했다.

토요일날 밤 집에 왔는데 그렇게 안심된 표정과 편안한 표정 기쁜 표정으로 계약한 집에 관한 이야기를 나에게 했다.

"그렇게 좋아? 그럼 내일 한번 가보자구."

새벽 3시까지 우리는 이야기를 하고 아침 일찍 일어나 계약한 집에 갔다. 그곳은 서울 구파발과 경기도 파주 사이에 있는 벽제의 어느 마을이었다.

그 집을 보자마자 나는 눈물이 핑 돌았다. 지금은 아마 찾아가라고 해도 찾아갈 수 없을 것 같다. 거기에는 초등학교도 하나 없어 아이들은 버스를 타고 학교에 등교해야만 했다.

이런 곳을 계약해놓고 우리 삶의 터전을 준비해 두었다고 안심하고 있는 아내를 보고 있노라니 마음속으로 눈물이 하염없이 흘렀다. 천진난만한 어린아이 같기도 했고 한편으로 세상 부러움 없는 사람처럼 해맑아 보였다.

내 마음에는 하나도 들지 않았지만, 그렇게 좋아하는 아내에게 차마 실망을 주기 싫어서 나도 따라 마음에 '쏙' 든다고 했다.

나는 중동 중·고등학교 프로젝트를 수행하기 위해 다시 학교로 돌아왔다. 그러나 걱정이 되어 가만히 있을 수만은 없었다. 신문이나 부동산 관련 정보에서 계속 다른 곳을 찾아보았다.

그곳에서는 도저히 살 수 없을 거라는 생각이 들었다. 어느 토요일 산본에 살고 있는 아내의 친구 집에 놀러 갔다. 친구가 살고 있는 곳은 산본 신도시였는데, 그렇게 좋은 아파트는 아니었지만 아내는 부러움에 가득 찬 눈으로 그녀를 바라보았다.

그 친구 집에서 나와 산본에서 일산 집으로 가던 길에 내가 신문에서 보았던 시화지구로 향했다. 그곳에는 아직 아파트가 지어지지 않아 삭막하기만 했다. 자정을 넘긴 시각이라 불빛도 없고 사람도 거의 다니질 않는 시화지구 아파트단지였다.

우리는 새벽 2시까지 이곳저곳을 돌아보며 부동산 전화번호 몇 개를 적었다. 우리가 가지고 있는 돈에 융자를 조금 더하면 아파트를 살 수가 있을 것 같았다.

다음날 아내가 시화 신도시의 아파트를 계약했다. 난 바로 계약했다는 아파트를 가보기로 했다. 시화의 아파트를 가서 보았는데 정말 마음에 들었다. 벽제에다 계약했던 계약금은 그대로 포기했다. 아니 주인이 돌려주지 않았다. 그 돈은 우리에게 정말 큰 돈이었는데 역시 없는 사람에게 더 없게 만드는 일이 일어날 가능성이 높은 것 같았다. 우린 시화로 이사를 하고 점점 안정을 찾아갔다.

우리가 사는 곳은 1층인데 확 트인 정원도 있어 장인어른도 좋아하셨다. 그리고 장인어른의 거동을 생각해도 1층이 가장 좋을 것 같았다.

내 월급으로는 부채를 정리했고 생활비까지는 조달하기는 부족해, 아내는 집 근처 대형 슈퍼에서 파트타임으로 일을 했다. 그래도 집이 가까워 자주 와 볼 수가 있어 조금은 안심이 되었다. 시간이 지날수록 꼬였던 실타래가 풀리기 시작하는 것 같았다. 조금씩 앞이 보이기 시작했다.

4. 큰아버지가 돌아가시다

일본에서 연락이 왔다. 큰아버지가 많이 위독하시다고 했다. 나는 고향에 계신 아버지에게 말씀드리고 일본 병원으로 출발했다.

이럴 수가 있을까!

몇 해 전까지만 해도 그렇게 건강하셨던 분이 병상에 누워 계셨는데, 그 모습이 차마 눈을 뜨고 볼 수가 없을 정도로 몸은 뼈만 앙상하게 남아 있었다.

눈물이 왈칵 쏟아졌다. 내 인생의 진로를 바꿔 주셨고 때로는 나를 강하게 때려 주시고, 때로는 따사롭게 보듬어 주신 나의 정신적 지주 같은 분이셨다. 참으로 오랫동안 큰아버지의 주위에서 맴돌았다.

그분이 내 앞에 이렇게 누워 계셨지만 나는 아무 말도 할 수가 없었다. 내 손을 만져 주셨는데, 눈도 제대로 못 뜨셨다. 일본에서도 날 찾으셨다고 했다. 내가 사업에 실패했다는 사실을 전해 듣고 몹시 안타까워하셨다고 했다.

그렇게 병상에 누워 눈도 제대로 못 뜨신 상태이셨는데 내 걱정을 해주셨다. 조금만 더 한국에서 적응을 한 다음 시작하지 너무나 빨리 해서 그렇게 된 것이라고 하셨다. 아직 젊으니 용기 잃지 말고 열심히 살아야 한다고 나에게 희망을 주셨다.

나는 쏟아지는 눈물을 감당할 수 없어 큰아버지가 누워 계신 병실에서 나와 하염없이 울었다. 그렇게 병상에 누워 계신 큰아버지를 뒤로하고 다시 귀국했다.

며칠이 지났을까?

큰아버지가 돌아가셨다는 연락을 받았다. 큰아버지는 내 고향이기도 한 당신의 고향인 전라남도 보성에 오시고 싶어 하셔서 장지를 보성으로 정하기로 했다.

일본 큰형과 유가족들, 그리고 싸늘히 식어 버린 큰아버지가 김포공항을 통해 들어오셨다. 고향 땅 보성에는 큰아버지께서 부지를 기부했던 초등학교가 있었다.

고인이 되셔서 큰아버지는 그 학교 운동장을 한 바퀴 돌고, 그냥 그렇게 다시는 영영 뵐 수 없는 먼 그곳으로 떠나가 버리시고 말았다.

나의 큰아버지는 그렇게 떠났지만 나는 큰아버지를 보내지 않았다. 내 가슴 깊은 곳에 영원히 심어 놓을 것이다.

가끔 일본 출장이라도 가면 내가 살았던 그 아파트에서 아내가 날 기다리는 것 같고, 내가 꿈을 키워 갔던 그 식당에서 큰아버지가 날 기다리고 계시는 것만 같다.

▼ 일본에서 큰 아이 영지

5. 장인어른이 돌아가시다

1988년도 7월 여름휴가가 시작되었다.
토요일을 포함해서 일주일간의 여름휴가의 첫날의 토요일 저녁이었다.

요리에 소질이 있는 내가 직접 저녁식사를 준비해 장인어른의 방으로 들어갔는데, 장인이 앞으로 쓰러져 계셨다. 아내에게 119로 전화하라고 했는데 당황한 그녀는 이리저리 뛰기만 하고 전화를 못했다.

내가 직접 119에 전화해 집 위치와 현 상황을 정확히 알려주고 앞집 아저씨에게 도움을 요청했다. 먼저 인공호흡을 시켰다. 그러나 아무리 인공호흡을 시켰는데도 의식이 전혀 없으셨다.

집에서 가까운 신경외과에서 응급처치를 한 뒤 바로 큰

병원으로 옮겨졌지만, 소생이 불가능하다는 의사선생님의 진단을 내려졌다. 뇌졸중으로 출혈이 아주 심하다고 하셨다.

결국 1주일간 병원에서 의식도 회복 못하시고 임종을 맞을 수밖에 없었다.

아내와 나는 정말 미치도록 서러웠다. 어려운 시절을 함께 이겨 준 장인어른에게 이제는 사정이 좀 나아져 더 잘 해 드리려고 했었는데….

아내는 나보다 더 마음이 아팠던 것 같았다. 자꾸 못해 드린 부분만 기억이 나서 눈물을 멈추지를 못했다.

나 역시 아쉬움이 많이 남아 있었다. 7년간 목욕시켜드리고, 면도해드리고, 이발도 해드렸는데…. 그러면 장인어른의 그 환히 웃는 모습을 볼 수 있었는데 이제는 다시 보지 못한다.

대전 국립묘지로 장인을 보내드리고 텅 비어 있는 장인의 방에 들어가 이것저것 사물들을 정리하고, 장인어른 방에 설치해 두었던 보조 장비들을 들어냈다.

6. 빚보증 때문에

마 후 나는 아이들에게 못 보여줄 광경을 또 보이고 말았다.

대통령 선거기간이었던가.

난 한 후배에게 사업하던 시절 보증을 서준 일이 있다.

그 후배가 그 빚을 감당 못하고 있다는 걸 알고 이전 산본 집에서 새로운 집으로 주소를 옮기질 못했다.

그렇지 않아도 홀로 서기조차 힘든 우리 가정에 그 빚 독촉이 우리에게 들이닥친다면, 정말 도저히 감당하지 못할 폭풍 속으로 휘말릴 것 같아서였다.

그렇게 주소지가 산본으로 되어 있는데, 선거일 당일 두 딸들이 물어오는 것이었다.

"아빠, 선거 안 하세요?"

"아빠 산본에 주소가 있기 때문에 거기에 가서 해야 해."

나는 두 딸에게 투표 장소도 보여줄 겸해서 두 딸을 데리고 산본까지 전철을 타고 갔다.

선거 장소를 확인하기 위해 동사무소를 찾았다. 그런데 난 이미 주민등록이 말소가 되어 있었다. 선거를 할 수 없는 상황에서 선거를 못하고 돌아서서 집에 오는데 아이들이 역정이다.

"왜 아빠는 선거를 할 수 없어요? 네?"

정말 아무런 설명도 해줄 수가 없었다.

'아이들이 이런 아빠의 모습을 보고 어떻게 생각을 할까?'

정말 많은 생각들이 머리를 스쳐 지나갔다.

주민등록증도 다들 새로 만들었는데 나는 새로운 주민등록증을 만들지도 못했다. 다 헐어빠진 옛날 것을 가지고 다녔다. 그것도 누가 볼까 아주 깊숙하게 처박아 넣고 다녔다.

행여 검문이라도 당하면 정말 마음이 불안했다. 그렇게 큰 죄는 지은 것이 없었는데….

아이들이 동사무소에서 주민등록 등·초본을 가지고 가야 할 때도 항시 아빠는 빠져 있었다.

주민등록이 말소되어 있다는 것 때문에 항시 불안한 삶을 살아야 하는 나였지만, 어느 누구 아니 집에서 같은 이불을 덮고 사는 아내에게조차도 내색을 할 수 없었다. 아내는 자꾸 왜 주민등록을 안 옮기냐고 독촉을 했지만 아내가 모르고 있는 보증 문제가 있었기에 정말 말을 할 수가 없었다.

　2000년 11월, 후배가 다 해결할 테니 걱정 말고 주소를 옮기라고 거듭 말을 하기에 난 몇 번이고 다짐을 받고 주소지를 지금 살고 있는 시화지구로 전입신고를 했다.

　난 정말 하늘을 날 것만 같은 기분이었다.

　우리 가족이 하나로 합쳐진 것이었다. 호주로 등재하고 나는 주민등록증도 떳떳하게 새로 만들었다. 그리고 보이지 않게 숨기고 다녀야만 했던 주민등록증을 지갑에 보이도록 넣고 다녔다. 등본을 한 통 떼어서 아내에게 보여주었다 드디어 우리가 하나로 합쳐졌다고….

　남들은 보통 다 이루고 살아간 아주 작은 일들이지만 나에게는 정말 무엇보다도 소중한 것이었다.

　그날도 어느 때와 마찬가지로 아무 일 없이 기분 좋게 퇴근을 하는데 내 핸드폰 벨이 울렸다. 다급한 아내의 목소리다.

　"이것이 뭐예요?"

　압류통지서였다. 정말 여기까지 오기에도 아주 힘들고 험한 길이었는데 압류라니!

　기어코 염려했던 후배의 보증 건이 터지고 만 것이다. 하늘이 노래진다. 정신이 하나도 없어진다. 어떻게 해야 하나? 후배에게 연락을 해봤다. 연락이 되질 않았다.

　집에 도착해보니 불도 켜져 있질 않았다. 아내는 주방 귀통이에 쭈그려 앉아서 흐느끼고 있었다. 영문을 모르는 아이들의 얼굴에도 정말 근심이 그득했다.

아무 말도 못하고 거의 뜬눈으로 밤을 보내고 난 서류에 적혀져 있는 담당자에게 전화를 해서 바로 만나기로 하고 난 그곳으로 찾아갔다.

3일간의 여유를 주겠다고 했다. 그렇지 않으면 법으로 처리를 하겠다는 것이었다.

피우지 않았던 담배를 하나 피웠다. 내 몸에서 식은땀이 흐르기 시작했다. 현기증이 나고 도저히 정신이 들지 않아 시원한 물을 한 컵 얻어 마시고 겨우 정신이 들었다.

'3일간의 여유라…'

이자는 안 내도 되니 원금만 처리하라고 했다. 정말 앞이 깜깜했다. 그날 난 전산 교육 강사를 해야 하는 날이었는데 어떻게 교육을 해야 할지 도무지 마음이 잡히질 않았다. 일단 70명 정도가 모일 교육이어서 그 교육 또한 여간 중요한 것이 아니었다.

나는 회사 사장님께 말씀을 드리기로 했다. 방법이 없었다. 사장님은 고맙게도 걱정하지 말고 교육이나 잘하라고 말씀을 하셨다.

오후에 교육을 하는데도 도무지 내가 무슨 말을 하고 있는지 모를 정도였다.

일단 아내에게 안심을 시키고 집으로 들어갔다. 다음날은 회사에서 전직원이 워크숍을 떠나기로 되어 있었다. 정말 기분이 나질 않았다. 대충 준비를 해서 회사에 출근을 했다.

그런데 여직원이 돈 송금을 모두 했다고 전해주는 게 아닌가! 정말 눈물이 나서 그 자리에 있을 수가 없었다. 난 혼자 차 안으로 들어갔다.

아내에게 전화를 하는데, 눈물이 나서 말을 제대로 할 수가 없었다.

아내는 워크숍 잘 다녀오란다….

지금까지 내 힘으로 처리할 수 있는 일이 이렇게도 없었던가. 정말 한심하기 짝이 없었다.

사람이 태어나면서부터 죽음을 향해 달리는 것이라고 삶을 규정짓고 싶지는 않다. 그러나 100년도 살지 못하는 우리네 인생을 좀더 풍요롭고 향기롭게 가꾸어 나가면 좋겠다.

7. 함께 가자, 우리 이 길을

유난히도 맑은 2001년 겨울날이다. 오늘은 처음으로 우리 가족 모두가 해외여행을 떠나는 날이다. 아이들은 그 전날 잠을 이루지 못했다.

"아빠, 꿈이 아니지?"

막내딸 원지가 몇 번이고 물었다. 대범해 보이긴 하지만 큰딸 영지 역시 많이 설레이는 듯했다. 아내 역시 기뻐했고 행복해했다.

올해가 결혼한 지 15년째 되던 해이기도 해서 의미가 있는 여행이었다. 내가 결혼한 지 10년이 되면 아이들과 해외여행을 떠나려고 했던 것이 이런저런 이유로 이렇게 늦어지고 말았다.

조금 늦어도 우리는 지금 함께 있고 행복한 시간이다. 전날 밤 잠을 거의 뜬눈으로 밤을 새우다 시피해서 짐을 챙기고 가방을 들어보고 하기를 수십 번 정도 한 것 같다.

비행기를 처음 타 본 막내 원지는 정말 마음이 많이 불안하고 무서워하면서도 왕왕 설레이는 모양이다.

비행기 안에서 괌에 도착할 때까지 내 옆에서 내 팔을 꼭 잡고 신기해하는 것이 어찌나 귀여운지 모른다.

도착하자마자 괌 시내를 한 바퀴 돌고 해상 관광에 나섰다. 아이들에게는 이번 여행이 살아 있는 교육의 시간이 될 것 같은 기분 좋은 상상을 했다.

▼ 괌에서의 즐거운 한때

한국말이 아닌 다른 나라말로 물건을 사보고 행복해하는 모습, 특이한 음식물의 진풍경을 구경했다. 그렇게 엄청난 변화도 아니고 그렇게 엄청난 호화스런 사치도 아닌데 우리 가족은 오늘은 끝도 없이 행복하다.
이것이 삶인가 싶다.

아이들은 많이 의젓해졌다.
큰딸 영지가 사춘기로 접어들어 요즘은 반항심이 있는 듯 하다. 저 녀석들도 이제 세상을 보는 시야가 좀 넓어졌다는 생각이 든다.

▼ 괌에서의 즐거운 한때

4장 시련, 또 시련

1. 아내의 잘못된 투자 ▶ 147
2. 괴로운 여름휴가 ▶ 149
3. 어머님의 칠순잔치 ▶ 153
4. 아내를 잊고 살아야 한다면 ▶ 157
5. 서러운 아내의 목소리 ▶ 159
6. 우리의 날개 달린 소망아! ▶ 163
7. 마음을 열고 ▶ 166
8. 마음의 자유함 ▶ 169

1. 아내의 잘못된 투자

내의 사업이 잘되어 가는 것처럼 보였다.
집도 넓혀갔다.

차도 새것으로 바꾸었다.

정말 보란 듯이 잘 나갔다.

하지만 까닭 모를 불안함에 나는 그리 마음이 편하지는 않았다.

얼마 지나지 않아 투자한 회사에 말썽이 하나둘 생기기 시작했다. 위태로운 시간이 얼마나 지났을까.

결국 회사는 문을 닫아야만 했다,

끝내 몇 개월 동안 염려하고 걱정했던 것이 현실이 된 것이다.

아내의 권유로 투자했던 사람들은 금방이라도 우리를 잡

아먹을 기세로 달려들었다. 사기꾼으로 고발하겠다는 협박을 퍼붓는 사람들이 이해도 되었지만 힘든 나날의 연속이었던 것은 부정할 수 없었다.

  아내의 투자 자금도 전부 카드 대출이었기에 이제 남은 것은 오로지 빚뿐이었다. 게다가 아내가 다른 사람들의 투자금도 카드로 결제를 하고 나중에 받을 계획이던 것들이 몇 개 있었지만, 이제 회사가 문을 닫았으니 그것 역시 모조리 우리 빚으로 남게 되었다.

  아내는 엄청난 큰 충격에 휩싸인 사람이 되었다. 옆에서 나는 도무지 할 말이 생각나지 않았다.
  아내가 슬퍼하고 눈물 흘릴 것을 알기에 아내를 대하는 것이 조심스러웠다.
  다른 친지들이 염려와 걱정을 쏟아 내는 것도 자존심이 상했다. 나의 사업실패로 마음의 상처가 아물기도 전에 이렇게 또 넘어져야 하다니!
  혹시 이렇게 삶의 패배자가 되고 마는 것은 아닌가.
  말할 수 없는 고통과 사회의 벽을 느끼며 잔인한 여름을 맞았다.

2. 괴로운 여름휴가

우리는 여름휴가를 떠났다.
　힘들고 고달팠지만 그래도 뭔가 마음의 정리를 해야 겠기에….

　형제들과 휴가를 맞춰 고향 부모님이 계시는 곳에서 한자리에 모여 식사를 하기로 약속이 되어 있었기에 휴가 첫날 고향인 보성으로 향했다. 솔직한 마음으로는 가고 싶은 생각이 전혀 나지 않았다.

　부모님과 형제들이 나를 지켜보는 눈을 애써 외면하면서 표정관리를 하느라 힘이 들었다.

　형과 동생들이 같이 바닷가에 놀러가잔다. 아내는 가기 싫다 한다. 나도 가기 싫었다.

　마음이 많이 불편해서 한 시간이라도 그 자리를 떠나고

싶은 심정이었을 것이다.
 부모님은 이것저것 음식을 많이 준비하셨다.
 밥이 입으로 들어가는지, 코로 들어가는지 정말 알 수 없을 정도로 정신이 없었다.
 뭘 먹었는지, 누구랑 같이 먹었는지, 정말 하나도 기억이 나지 않았다.
 아침에 우린 서울 집으로 간다고 하고 고향인 보성 집을 뒤로하고 서울로 향했다.
 물론 집으로 바로 갈 생각은 없었다. 마음속이 아내의 실패한 일들로만 가득 차 있었기에, 우리의 공기는 너무나 무거웠다. 차안의 정적은 고요하다 못해 침울했다.

 그러나 우리 두 딸아이들은 몰랐으면 했다. 한창 예민할 나이에 이런 걱정거리 없이 자유롭게 꿈꿀 수 있게 해 주고 싶은 것이야말로 모든 세상 부모들의 바람 아니겠는가.

 마음이 찢어질 듯 아팠다.
 달리는 차안에서 창밖을 쳐다보며 아내가 흐느끼는 것 같았다. 아주 소리 없이….
 내 눈에서도 눈물이 흘러내렸다.
 짙은 선글라스를 썼기에 눈은 보이지 않았지만 흐르는 눈물은 주체할 수 없었다.

한번도 가 보지 못한 강원도 정선으로 갔다.

아주 칠흑같이 어두운 밤, 굽이굽이 정선행 길은 정말 무서웠고, 꼭 지금의 우리 마음만큼 험악했다.

우린 밤늦게 정선에 도착해 숙소를 정하고 식사를 했다.

난 운전을 할 때도 그냥 아내와 단둘이 있을 때도 아내에게 한 마디도 말을 할 수가 없었다.

"그래, 잊어버리자! 그리고 다시 시작하는 거야!
아니, 그래, 우린 첫걸음부터 다시 배우는 거야.
너무 깊이 생각하면 중요한 것은
되레 잃어버리게 될 거야!
건강이 중요하니까 다 잊어버려."

머리에선 빙빙 말이 나오다가도 아내의 얼굴을 보면 한 마디도 해줄 수가 없었다. 왜냐하면 지금까지 한번도 아내가 이런 모습을 보이지 않았기 때문이다.

늘 세상을 당당하게 살아온 아내가 보기 좋았다.

아내가 눈물을 흘린다는 것을 이전에는 상상도 하지 못했다. 그래, 항상 내 앞에서 "난 할 수 있어, I can do it." 하면서 살아간 아내가 자랑스러웠다.

내가 하는 이런 나약한 말에 아내가 눈물을 흘릴 것 같아서 말하기가 두려웠던 것이 사실이다.

가는 곳마다 아이들은 정말 마냥 즐거워했지만 우린 아무

감정이 없었다.

　난 어디론가 가서 실컷 울어버리고 싶었다. 울고 싶었지만 그럴 수 없었기에 하늘을 올려다보았다.

　"하나님!
　우리는 어떻게 하면 좋아요?
　우리 그냥 이대로 죽어요?
　제 앞길을 인도해주세요.
　길이 안 보이네요.
　정말 길이 안 보여요.
　제 말 듣고 계신가요?"

3. 어머님의 칠순잔치

어머니의 칠순잔치가 있어서 가족 모두가 내려갔다. 고향으로 향한 길은 언제나 어린아이로 돌아가 마냥 즐겁기만 했던 고향길이었지만 이번만은 예외였다. 정말 마음에 바윗덩어리라도 달아 놓은 듯 무거웠다.

오늘 하루를 지내는 것이 꼭 살얼음판 위를 걸어다니듯 했다. 우리가 어머니 칠순의 음식값을 지불해야 했기 때문이다. 일생에 한번 있는 어머니의 칠순잔치의 음식값을 지불할 기회를 정말 고맙고 감사하게 받아들여야 하는데….

그 비용 때문이라기보다는 지금은 그럴 수 없는 현실이 정말 힘이 들었다. 즐겁기만 해야 할 어머님의 칠순인데….

8시간을 운전을 하면서 가는데도 조수석에 앉아 있는 아내와 정말 한 마디도 할 수가 없었다.

내 머릿속에도, 아내의 머릿속에도 말할 수 없는 생각들로 가득했다.

아이들은 뒤에서 잠에 취해 있다. 아내도 평소 같으면 차만 타면 바로 잠에 취해버리곤 했다.

난 항상 옆에 잠들어 있는 아내를 보며 행복감을 느꼈는데, 지금은 잠 못 이루는 아내를 보니 정말 마음이 아프다. 당장이라도 손을 한 번 잡아주고 싶은데….

우린 그렇게 8시간을 달려 시골에 도착했다.

많은 음식들, 많은 사람들.

음식도 사람도 나에게는 모두 무채색의 형체일 뿐이다.

동생은 날 보자마자 대뜸 예산보다 음식비용이 더 나왔다고 말했다. 그 말은 내 귀에 마치 우리가 비용을 더 추가로 부담해야 할 것처럼 들렸다.

동생의 말이 정말 서운했다.

지금 마련한 돈도 가지고 있는 결혼 패물 팔고 현금 서비스로 마련한 돈이란 말이다.

그때는 정말 많이 서운했지만 차츰 잊을 건 잊고 이해할 수 있는 것은 이해할 수 있었다.

아내도 나와 마찬가지로 종일 무표정이다. 난 아내의 표정에서 한시도 눈을 뗄 수가 없었다. 손님이 그렇게 많이 오셨는데 아내만이 내 눈에 들어왔고 신경이 쓰였다.

'지금 이 순간 아내는 무슨 생각을 하고 있을까?'

마치 어두운 무대 위에 아내만이 조명을 받고 있는 듯했다. 내 머릿속은 그야말로 하얀 백지 상태였다.

이러한 우리 둘의 모습을 조용히 지켜보고 있는 사람이 한 사람 있었다.

누님이었다. 바쁜 틈틈이 시간만 있으면 누님은 말을 걸어왔다. 물론 아내에 관한 이야기도 계속 물어왔다. 누님 역시 다른 것은 눈에 들어오지 않았고 우리 둘의 모습만 들어왔다고 한다.

누님은 직접 아내와의 대화할 기회를 가지려고 무척 노력을 했다. 전도사님이신 누님은 기도 중에 늘 아내와 우리 가정이 마음에 걸렸다고 했다.

그런 아내는 늘 누님과의 눈길을 피했고, 누님은 아내와 이야기할 기회를 잡으려고 노력을 했다.

누님과 아내는 이렇게 보이지 않는 숨바꼭질을 서울로 되돌아오기 직전까지 계속했다.

그러다가 마을 회관에서 놀던 둘째딸의 울음소리를 듣고 딸이 있는 곳으로 가게 된 아내는, 그곳에서 누님과 단둘이 마주치게 되었다.

아내는 같이 잠깐 기도를 하자는 누님의 제의를 완강하게 거부했고, 누님은 끝까지 그 기회를 포기하지 않았다.

결국 누님의 뜻대로 아내는 기도시간을 갖게 되었고, 누님은 심신이 지칠 때로 지쳐 있는 아내를 발견하게 되었다.

누님은 나더러 아내를 누님 교회에 두고 아이들하고 셋이서 먼저 올라가라고 했다.

아내가 너무나 지쳐 있으니 이대로 두면 정말 심각한 지경에까지 와 있다고 걱정을 늘어 놓으셨다. 누님은 죽음까지 생각하고 있는 아내를 발견한 것이다.

난 이런 것들을 정말 인정하고 싶지 않았다.

그렇게 아내만 남겨두고 두 딸과 난 서울도 돌아왔다.

멀어져 가는 아내를 뒤로하고 부모님을 뒤로하고 서울로 오는 길에, 나는 눈물을 펑펑 쏟았다.

4. 아내를 잊고 살아야 한다면

아내가 많이 아팠다. 아니 몸도 마음도 지칠 때로 지쳐 있었다.
밥도 먹지 못하고, 아니 먹고 싶지도 않은 듯했다.
거기에 감기까지….
가엾다.

당장이라도 아내를 이 아픔과 고통에서 해방시켜 주고 싶었다. 힘없이 앉아 있는 아내의 손가락이 바르르 떨려오고, 그 떨림이 나의 온몸을 뒤흔들어 놓는다.
내가 저 핼쑥한 아내를 위해 지금 이 순간 아무것도 해줄 수 없다는 생각을 하니 정말이지 가슴이 미어졌다.
광주 예마본 교회에서 며칠간의 기도와 안식으로 어느 정도 회복이 되어서 왔는데도, 하루가 다르게 아내의 몸은 무너져만 갔다.

'안 돼. 그냥 이대로 시간을 보내다간 무슨 일이 일어나고야 말 것 같아.'

나는 아내와 함께 병원으로 향했다. 그래도 먹지도 못하고 정신적으로 지칠 대로 지쳐 있는 아내에게 영양제라도 한 대 맞혀 주고 싶었다.

진찰 결과, 다행스럽게도 다른 곳은 특별히 아픈 데가 없었다. 감기에 밥을 못 먹어서 그렇게 몸이 처진 것이었다.

아내는 병실에서 영양제를 맞는 동안 잠이 들어 있었다.

나는 차에서 병실로 왔다갔다를 반복하면서 잠이 들어 있는 아내의 얼굴을 몇 번이고 바라보았다.

나는 이 순간이 한없이 행복했다. 이 순간이라도 아내가 모든 것 다 잊고 좀 쉬었으면 하는 바람이었다.

이런 아내가 내 옆에 있어준다는 것이 너무나도 감사하다는 생각이 들었다. 이렇게 착하고 예쁜 아내를 내가 단 1시간이라도 잊고 살아야 한다면….

아니, 생각하기조차도 싫다.

5. 서러운 아내의 목소리

숨이 막힐 듯한 시간들, 앞이 보이지 않는 절망, 잠 못 이루는 시간들…. 아니, 깜빡 잠이 들었다가도 금세 깨곤 했다.

아내에게서 더 이상 버틸 수 없다는 통보를 받았다. 예상은 하고 있었지만 막상 그 말을 듣고 보니 정말이지 하늘이 무너질 것 같았다. 그 동안 아내 혼자 끙끙 아파한 것을 생각하면 그 말이 고맙다는 생각이 들지만, 나에게 시간이 좀 더 필요했다.

아내 혼자 지금껏 '카드 돌려 막기'라는 것을 해오다 결국 그것조차 감당할 수 없는 지경에 온 것이다. 내가 미리 알고 있었다. 하더라도 정말이지 손쓸 도리가 없는 일이었다.

당장 천만원에 가까운 돈이 필요하다 했고, 또 계속 돌아오는 카드 결재일을 감당할 수가 없었기 때문이다.

뜬눈으로 밤을 보내고 아침 일찍 아내와 나는 서울 처제 집으로 향했다. 난 올라가지도 못하고 아내만을 내려주고, 난 서울 마포 공덕 로터리 근처에 일이 있어 그리로 향했다.

하루종일 일을 보는 둥 마는 둥 아무 일도 손에 잡히지 않았다. 처제에게 간 아내의 일이 궁금해서 아내에게 몇 번이나 전화를 걸어 결과를 물었지만, 울먹이는 아내의 목소리가 들려올 뿐 원하는 답을 듣지 못했다.

처제 역시 많은 돈을 구할 여력이 되지 않았던 것이다. 무작정 길을 걷기 시작했다.

무작정 일하던 곳에서 나와 걷고 또 걸었다.

'이것이 나의 마지막이란 말인가?'

마음을 비우고 하늘을 보았다. 무엇인가를 정리해야 할 것 같았다. 지나간 시절들이 꽃잎이 지듯 그렇게 머릿속을 뱅뱅 돌다 빠져 나가는 것만 같았다.

다만 눈에 밟히는 아이들을 생각하니 눈에서 주루룩 눈물이 흘렀다. 길을 걸으며 울었다.

눈물을 훔치며 마지막으로 형에게 전화를 했다. 물론 형도 여유는 없었기에 기대는 하지 않았지만 죽더라도 나는 형을 만나기로 했다.

형을 보자마자 나는 어린아이가 엄마를 잃은 것처럼 그렇게 엉엉 소리내어 또 울고 말았다. 자초지종을 형에게 이야기했다. 형은 내가 한번 노력해 볼 테니 이제 그만 진정하고 눈물을 거두라고 했다. 그 말을 들으니 왜 이리 나 자신이 밉고 못난 사람인지를 더욱 절실히 느꼈다.

다음 날, 형의 도움으로 급한 불은 간신히 끌 수 있었다. 하지만, 5일, 6일, 15일, 27일…. 돌아오는 결재일은 우리를 고문의 도가니로 밀어 넣었다.

아내는 또 동생에게 전화를 했다. 단 3일만을 쓰기로 하고 200만원을 현금서비스를 받는단다…. 그래도 부족하단다.

성탄절 전날인 2002년 12월 24일, 아내와 나는 거리의 웃음과 화려한 조명과는 다른 흑백의 도시를 쓸쓸히 거닐어야 했고, 마음은 더욱 가난했다. 처제의 약속도 어긋나 버렸다.

아이들은 아무것도 모르게 즐거운 성탄을 맞게 하고 싶었던 까닭에 처제 집으로 보냈다. 심령이 가난할수록 더욱 강건한 믿음으로 기도를 해야 하건만….

이 밤은 벼랑 끝에 몰린 우리 두 사람을 더욱 암흑으로 인도하는 듯했다.

여느 때 같으면 우리 가족은 함께 맛난 것들을 준비하고 아기 예수의 탄생을 기뻐해야 하는 날이었을 것이다. 예전 그날의 따뜻함을 다시 한번 맛볼 수 있을까?

형에게 전화를 걸었다. 형은 현금이 준비되어 있으니 이번

일까지는 힘을 써줄 수 있겠다고 하셨다. 다음날 일찍 송금하겠다고 약속하셨다.

안도의 한숨을 쉬는 사이, 아내는 이미 하염없이 울고만 있었다. 냉랭한 집으로 들어가고 싶은 마음이 없었던 우리는 그제서야 하루 종일 아무것도 먹지 못한 것을 느꼈다.

아내와 집 근처 식당에서 저녁을 먹었다. 둘이 눈길이 마주치기라도 하면 경쟁이라도 하듯 긴 한숨을 내쉬었다.

6. 우리의 날개 달린 소망아!

카드 결재일은 누군가 함부로 쏜 화살마냥 그렇게 빨리도 우리 곁에 왔다.

연이은 카드빚 자살사건과 강도 사건이 뉴스와 신문에 넘쳐났다. 그런 기사들을 마주할 때마다 가슴이 철렁 내려앉고 남의 일 같지 않다는 두려운 생각에 빠져들곤 했다. 실은 부끄럽게도 아내와 나도 셀 수 없을 만큼 '죽음'을 머릿속으로 그려 본 적이 있기 때문이다.

이런 생각은 끝도 없이 나를 추락하게 만들었다. 그럴수록 교회 성가대에 들어 열심히 찬양을 했고, 마음을 다해 하나님께 기도를 올렸다.

'다음 주일에도 무사히 이 성가대, 이 자리에서 찬양할 수 있게 지켜 주세요…!'

봄이 되면 교회의 움직임은 바쁘다. 부흥성회·부활절·전 교인 체육대회·극동방송국 주체 성가 합창제 등 행사가 많다. 그중에서 예수님의 죽으심 뒤에 오는 부활절 칸타타를 열심히 연습했다. 부활절이 돌아오려면 아직도 많이 남아 있는데 또 기도했다.

'부활절까지 우리를 지켜 주세요….'

그때의 교회는 나에게 고단한 일상에서 잠시 쉼을 얻을 수 있는 피난처가 되어 주었다. 다행히 우리 가족은 부활 예배도 다정하고 평안하게 보낼 수 있었다.

▼ 극동방송국 주체 성가합창제에 출연

또 교회 체육대회 날이 다가왔다. 온 교인이 체육대회 준비 때문에 분주하게 움직인다. 어쩌다 보니 난 또 이 체육대회 준비위원으로 뽑혔다. 주저하지 않고 오히려 하나님께 감사함으로 그 일을 받았다. 난 또 기도했다.

'무사히 체육대회를 치를 수 있게 해 주세요…'

아내도 나의 마음과 다르지 않았다. 한 고비를 넘길 때마다 주님께 귀를 기울이며 기도드렸다는 귀한 이야기를 뒤늦게 전해 들었다. 우리 주님께서는 이 모든 일을 평안하게 주관해 주셨다.

▼ 성가합창제에 출연하며

7. 마음을 열고

마 음을 열고 산을 담았습니다
혼자서 산을 올랐습니다.
모처럼의 산행이 너무 좋았습니다.
아무 준비 없이 달랑 생수 한 병 들고 산을 올랐습니다.
숨이 헉헉거립니다.
점점 온몸이 땀으로 젖어옵니다.
윗도리를 벗어 허리춤에 묶었습니다.

나뭇잎들은 세상으로 나오려고 아우성들입니다.
파아란 색의 아주 조그마한 꼬마잎들이
아주아주 예쁩니다.
한참을 들여다봤습니다.

나뭇잎들이 수줍어합니다.
부드럽고 연약한 몸체가 부끄러운가 봅니다.
저들도 이제 이 험난한 역경을 이겨야 합니다.
누가 도와주지 않습니다.
스스로 이겨내야 합니다.
비가 와도 이겨내야 합니다.
태풍이 불어와도 이겨내야 하고.
어두운 밤에도 혼자서 잘 이겨내야 합니다.
그렇게 봄이 지나고 여름이 지나고 가을이 또 지나면
이제는 이제는….

정상에서 한참을 쉬었다가 계곡을 따라
천천히 산을 내려 왔습니다.
눈이 녹아 계곡으로 물이 흐릅니다.
아주아주 맑은 물이었습니다.
손을 물 속에 담가 보았습니다.
물은 손이 시리도록 아주 차가웠습니다.

겨우내 이리저리 나뒹굴다 계곡으로 흘러들어간
낙엽들이 물 속에 가라앉아 있습니다.
조금 전에 보았던 그 아름답고 가냘픈 나뭇잎들이
이렇게 시간이 흘러 바뀐 것입니다.

마치 우리 인생처럼….
이렇게 인생도 지나가는 것입니다.

굽이굽이 좁고 좁은 산길을 내려옵니다.
계곡의 물 흐르는 소리를 뒤로하고….

오늘하루가 소리 없이 지나갔습니다.
우리는 또 내일을 기대하며
기다려야 합니다.

8. 마음의 자유함

　대구 지하철 참사는 온 나라를 통째로 집어 삼킨 듯하다. 사람들은 사랑하는 사람을 잃었다는 슬픔에 정신을 잃고 눈물을 흘린다. 그런 사람들을 바라보며 나는 검은 바람으로 그들을 흔든다.
　'차라리 내가 그 사람처럼 그 지하철에 있었으면 좋으련만…!'
　머릿속은 온통 그 검은 절벽 같은 생각만 하고 있다.
　이번 대구 지하철 참사 때 성경책을 꼭 껴안고 돌아가신 어느 집사님의 사연을 들었을 땐, 그분이 천국에 계시리라 확신을 하니 내가 꼭 그 자리에 있어야만 했다는 생각을 참 강하게도 했다.
　웃어도 웃는 게 아닌 날들, 살아도 사는 것이 살아 있지 않는 듯했고, 숨을 쉬고 있어도 살아 있다는 느낌이 들지 않았다.

'세상은 오직 나에게만 이런 고통을 주는 것인가? 왜 내 눈에 이토록 미움과 욕심만을 키우게 하는 것일까? 이것이 생지옥이다. 또 다른 세상에 눈뜨고 싶다. 나를 믿어 주고, 격려해 주었던 빛과 같은 사람들에게 나는 그 무슨 말을 해야 하는가?'

나의 이 모든 형편을 다 아시는 분에게 알몸으로 모든 것을 보여 드리고 나면 홀가분할 것 같다는 생각을 했다. 그리고 그런 일을 하실 분은 바로 단 한 분, 주님뿐이셨다.

물론 우리의 힘든 이 일상들을 쉽게 헤쳐 나갈 자신이 넘치는 것도, 그럴 기운도 없는 것도 사실이지만 더욱 근본적인 것부터 하나씩 바꾸어 나가기로 했다. 내가 제일 처음 할 일은 하나님의 음성을 듣는 것이었다.

내가 염려하고 두려워하는 것은 다 세상 속의 것들이고, 나의 모든 것을 다 아시고 계신 주님이 계시는데 내가 그 짐을 다 짊어지고 있는 것 같다는 생각을 버리기도 했다.

'그래, 내 속의 내가 죽어야 한다! 내 속의 내가!'

마치 실오라기 하나 안 걸친 사람처럼 주님 앞에 나는 그렇게 서 있었다. 지금껏 스스로의 힘으로 개척하는 삶을 살아 왔다. 일본 유학시절부터 아르바이트하던 곳에서 시험 기간만 잠시 쉬게 해달라고 부탁했다가 멋지게 거절당한 일이 있고부터는 더욱 그러했다.

　따지고 보면 그것이 당연한 것이다. 나의 시험기간이든 그렇지 않든 간에 식당에 손님들은 찾아오는 것이기 때문에 내가 쉴 수 있는 어떠한 이유도 없는 것이기 때문이다.

　그 어린 시절에는 야속함에 넘쳐 나오는 눈물이 주체할 수 없을 만큼 감정에 충실한 나였지만 이제는 의지한다는 이 말을 지독히도 멀리하는 자신을 발견한다. 하늘이 두 쪽이 나는 일이 있더라도 내가 할 일을 내 몸이 부서지더라도 내가 해야 한다는 생각이 나의 철칙이 되어 버렸다.

　나의 업무 시간이 끝나더라도 해야 할 일을 다 채우고 나서야 퇴근을 했다. 그만큼 잠자는 시간을 줄여 일을 했고, 공부를 했다. 시간이 없으면 잠을 자지 않고 해결했고, 돈이 없으면 안 쓰고 굶어버리면 해결할 수 있었다.

　열왕기하 5장에는 나아만 장군이 나온다. 그 나아만은 바로 나의 모습이며 우리 인간들을 표현하고 있다.

　겉모습은 크고 존귀한 것 같지만 그 속은 문둥이다. 육안으로 보면 마음속 문둥병은 보이지 않는다. 장군이라는 겉모습만 보며 살 수 있는 것은 아니다. 고치지 않으면 몸이 썩어 가는 문둥병 때문에 나아만의 삶은 소망이 없었다.

　나아만 장군은 문둥병을 고치기 위해서는 수치스럽지만 요단강에 가서 자신이 문둥이라는 것을 드러내지 않으면 안

되었다. 수치와 부끄러움을 당할지라도 은혜 입고자 하는 마음이 있었던 나아만은 하나님과 연결되어 문둥병에서 벗어날 수 있었다.

기세당당했던 나아만 장군이 주님 앞에 무릎 꿇었을 때, 지극히도 주님께서 그를 사랑해주셨듯이 내가 잘났다 하고 내가 살아 있다 했을 때, 주님께서 나를 무릎 꿇게 하시고 당신이 내 주인임을 깨닫게 하시어 나를 사랑해주심을 깨달았다.

한밤중에 깨어나 괴로워하는 모습으로 잠을 자고 있는 아내를 쳐다보니 그제서야 내가 살아 있는 것 같았고, 잠자고 있는 큰딸 방에 들어가 딸아이들이 잠자는 모습을 바라보고 있으니 내가 살아있는 듯했다.

행복한 웃음이 흘렀다. 내가 살아서도 사랑하는 사람들이 나의 곁에 머물러 주고, 나를 믿어 주는 빛과 같은 사람들이 있으니 바로 여기가 지상 낙원이요, 또 내가 죽음을 맞이하면 하나님 계신 천국으로 갈 터인데 더 이상 무엇을 바라고 무슨 욕심이 있겠는가.

사사로운 행복감에 젖어 드니 참 어리석었다는 생각이 들었다. 눈물로 지새우던 밤, 죽음을 생각한 시간들을 되돌릴 수만 있다면 좋은 생각만 하고, 하나님 말씀만 듣기 위해 오로지 성경에만 의지할 것을···.

"날마다 우리 짐을 지시는 주 곧 우리의 구원이신 하나님을 찬송할지로다"(시 68:19).

내 인생에 눈보라가 친다 해도 나를 아시는 주님이 다 막아 주실 터이니, 나는 오직 생명의 길을 걸어가겠다.

내가 죽고 내 마음속의 주인을 하나님으로 인정하고, 모든 것을 기대는 것이 진정한 오아시스로 향하는 길이다. 그 외의 모든 길은 사막으로 향한다.

자신을 죽임으로 난 아무것도 할 수 없을 것이고 무능해진 나는 오직 그분만을 의지하게 될 것이다. 날 죽이시기도 살리시기도 하신 주님이 날 주관하실 것이다. 내가 살려고 발버둥을 친다 해도 난 살 수 없을 것이고, 내가 죽으려고 발버둥을 친다 해도 죽을 수 없을 것이다.

내가 나의 짐을 온전히 그분께 맡김으로 난 자유함을 얻을 것이고 평온함을 얻을 것이다. 하나님 나라의 소망은 결국 나의 죽음에도 자유함을 주었다.

"수고하고 무거운 짐진 자들아 다 내게로 오라 내가 너희를 쉬게 하리라 나는 마음이 온유하고 겸손하니 나의 멍에를 메고 내게 배우라 그러면 너희 마음이 쉼을 얻으리니 이는 내 멍에는 쉽고 내 짐은 가벼움이라 하시니라." (마 11:28-30).

5장 오직 주님만이

1. 주님만이 나의 위로자 ▶ 177
2. 불어오는 어머니의 사랑 ▶ 182
3. 2004년 9월의 하늘은 어떨까 ▶ 185
4. 4남전도회 회장을 맡다 ▶ 193
5. 집을 팔려고 내놓다 ▶ 196
6. 2004년 1월, 빛이 보이다 ▶ 201
7. 연대보증 문제를 해결하다 ▶ 206
8. 새 회사로 출근하다 ▶ 211

1. 주님만이 나의 위로자

마음속 깊은 곳에 나의 삶의 지지자가 되어 준 형에게 감사의 마음을 전한다. 내 아버지이신 주님을 울면서 부를 때마다 형은 겉으로는 무심한 눈길로 나를 보는 듯했지만 속마음은 늘 내 어깨를 토닥이며 참 많이도 위로해 주셨다.

하지만 형에게 처음부터 많은 것을 기대다 보니, 형의 처지를 고려하지 않고 마냥 부탁에 매달려 형을 곤란에 빠뜨린 적이 한두 번이 아니었다.

나의 부탁이 형에게 큰 부담으로 지워질 것을 알았지만, 그 부탁이 마음대로 들어지지 않을 때마다 그저 드는 생각은 실망과 좌절뿐이었고, 그냥 이 밤을 날아 하나님이 계신 천국으로 가고 싶은 마음만 가득했다.

그러던 중 난 당시 형의 속사정을 잘 알지 못하였고, 형이 집을 새로 장만했던 것을 우연히도 알게 되었다.
우리 부부를 제외한 형제들을 집들이에 초대했다는 소식을 들었을 땐 조금 형이 조금은 야속하게도 느껴졌지만, 형도 차마 나에게 그 말을 전하기가 어려웠기에 그 속마음도 검게 타들어 갔을 것을 생각하니 형도 참 가엾기만 했다.
어쨌든 아내에게는 괜한 오해를 살까 봐 그 일에 대해서는 침묵을 지키기로 했다.

돌이킬 수 없는 상처를 주는 2003년이다. 서로 사랑한다는 것이 아무 소용없는 그런 2003년인 것이다.
자신과 자신의 사랑하는 식솔들에게 농약을 마시게 하고, 죽음을 선택하는 사람들의 소식이 하루라도 안 들리는 날이 없다. 혹자는 '그 죽을 용기로 살면 더 잘 살 수 있었을 텐데…' 그 사람들이 마치 모자라고 생각이 짧아 충동적으로 그런 일을 저지른 것처럼 단정지어 버리는 사람들의 쉬운 입놀림을 듣는다. 그들의 내막을 속속 알지도 못하면서 말이다.

내게도 사람들은 이런 투로 이야기를 내뱉는다.
'차를 팔지….'
'집을 줄여가지….'
'회사에서 융자를 받아보지….'

처음에는 거부감이 들고 수긍이 안 되는 이야기들도 익숙해지다 보니 다 받아안는 자세로 사람들의 이야기를 들었다. 이런 것을 이겨 낼 수 있는 힘의 원천은 하나님의 은혜로써 가능했다. 하지만 부정할 수 없는 기운 빠짐과 검은 생각을 전부 내치지는 못했다.

한번은 어느 교회 집사님께서 대화 중에 이런 말을 했다. "집안에서 주식을 하면은 빨리 망하고 예술계통을 하면 아주 서서히 망한다."

그 말을 들으니 내 안의 은혜는 순식간에 날아가 버렸다. 인간의 눈으로 바라본 그분의 말씀은 꼭 내가 망하는 것을 즐기는 것인가. 아니면 딸아이의 무용을 그만 가르치라는 소리인지…. 정말 딸 영지가 무용을 하는 것에도 온 집안이 몇수십 번 눈물바다를 이룬 적이 있었다. 돈에 힘들어 울고 그만두자니 속상해서 울고, 열심히 몸이 부서져라 연습한 딸아이를 바라보며 울었다. 이렇게 하루하루를 보내고 있는 터라 그 말은 내 숨통을 탁 조이는 듯했다.

아쉬운 소리를 하는 것이 나의 일상이 되어 버렸다. 진정 돈이 필요한 하루 전날이지만 내가 할 수 있는 것은 묵묵히 하던 일을 계속하는 것뿐이었다.

도무지 400만원이나 되는 돈이 나올 곳은 그 어디에도 찾아볼 수가 없었다. 이렇게 다급한 현실인데도 이상하리만큼 나의 마음은 편안하기만 했다. 다만 발을 동동 구르고 안절부절못하고 있을 아내를 생각하니 마음이 아팠다.

일 때문에 천안에 가기로 되었다. 천안에서 5시경에 일을 마치고 약속이 두 군데가 있었는데 모두 약속이 미루어져 버렸다. 천안에 더 이상 있을 이유도 없고 마침 성가대 연습 시간과 서울 도착 시간이 맞아떨어질 것 같아 부리나케 서울로 방향을 돌렸다.

그때 마침 한 친구가 천안에서 일하고 있다는 것이 생각났다. 그 친구 목소리가 듣고 싶어 톨게이트 진입 바로 직전에 전화를 걸었다.

그 친구는 아주 반갑게 내 전화를 받아주었고, 그 친구 역시 오래 전부터 날 만나고 싶었다고 했다. 난 그 친구를 만나기 위해 차를 돌렸다.

난 그때까지 돈 생각을 잊고 있었다.

'참! 돈이 필요한데…'

난 이 친구를 잘 알지만 돈에 대한 부탁은 할 수 없었다.

'만일 돈 이야기를 한다 해도 우리 주님이 주관하실 거야…'

나는 마음속으로 기도를 드렸다. 난 아무것도 한 것이 없고 오직 내 입술만을 빌려 드린 것이라 생각했다.

그 친구와 저녁을 먹고 또 차 한잔하고, 나는 하기 무척 힘들었지만 모든 걸 주님께 맡기고 이야기했다.

그 친구는 별다른 말없이 내 부탁을 들어 주었다. 그 친구는 자기가 해줄 수 있는 일이니 너무 기쁘다고 했다.

할렐루야! 정말 감사한 일이었다. 나는 그 친구를 보내놓고 왠지 눈물이 났다.

'정말 하나님, 감사합니다!'

우주만물의 섭리와 같이 우리의 길을 예비해 놓으신 주님.

내가 필요할 때 형을 바로 내 옆으로 보내주신 주님.

내가 필요할 때 그 모든 것을 예비해 놓으신 주님.

내가 필요한 사람을 내 옆에서 만나게 해주신 주님.

나에게 믿음을 주셔서 살아 계신 하나님을 나의 주인으로 믿게 해주신 주님. 주님을 찬미합니다.

▼ 설악산 흔들바위 앞에서

2. 불어오는 어머니의 사랑

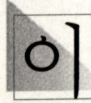른 아침 전화벨이 울린다.
"여보세요?"
"응, 엄마다. 잘 살고 있어?"

저쪽에서 들려오는 우리 어머니의 목소리. 조금이라도 건드리면 툭 터져버리기라도 하듯 기가 막혀서 말도 잘 못하시고, 가슴이 메여 울먹이시는 어머니의 목소리였다.

"잘해 나가고 있냐?"
"네~, 걱정 마세요."

"요즘 하도 텔레비전에서 무서운 이야기가 많이 들리니

너무 걱정이 되어 전화했다. 맘 강하게 묵고 잘살아야 한다. 네 마누라도 많이 위해주고 잘살아."
"네~."

"아그들은 잘 있지?"
"네~'."

더 이상의 말을 이을 수가 없었다.

"우리 하나님은 우리 편이시니 널 절대로 그렇게 몰라라 하시진 않으실 거다."
"네~, 어머니."

안타까워 울먹이시며 터질 것 같은 어머니의 목소리.
뭐든지 좋은 것만 주고 싶어하시고, 뭐든지 다 해주고 싶어하시는 우리 어머니. 이토록 조건 없이 우리 자식들을 위해 한평생을 바치신 우리 어머니.
당신이 그토록 좋아하신 것들도 많이 있으실 텐데, 맛난 음식 앞에서도 "난 됐다." 하시고, 예쁜 옷 앞에서도 "난 됐다."고만 하시는 우리 어머니.
나 어릴 적에 자식을 위해 궂은 일 마다하지 않으시고, 체면 따위는 등 뒤에 감추신 지 오래 되신 우리들의 어머니.

가끔 생선이라도 상에 올라오면, 우리들이 다 먹고 난 다음 뼈만 골라 드셨던 우리 어머니.

나는 입을 열었다.

"어머니, 걱정하지 마세요.
우리 하나님이 날 그냥 이 모양으로 두진 않으실 거예요.
어머니, 지켜보고 계세요.
어떻게 하나님이 우리에게 축복하시는지.
꼭 축복하실 거예요.
어머니도 낙심 마시고 기도해주세요."

그리고 전화 수화기를 내려놓았다.
시계 바늘이 아침 6시를 가리키고 있었다.

전화를 끊고 난 거실로 나가 화초에 물을 뿌렸다.
이 싱그러운 아침을 맞이하며 천지 창조주이신 주님이 보내 주신 이 푸른 생명들 앞에서 부끄럽게도 아름다움을 훔치기보다는 내 어머니의 서글픈 목소리를 보듬어 안지 못하는 자신이 그간 얼마나 나의 안위만을 위해 살아왔는가 자책하며 떠오르는 붉은 태양을 눈부시게 맞았다.

3. 2004년 9월의 하늘은 어떨까

해가 바뀌어도 나는 이 하늘을 기억할까?
2004년 9월의 하늘도 이렇게 파란색일까?
하고 싶은 일도 많을 것 같고 가, 싶은 곳도 많을 것 같다.
만나고 싶은 사람도 많을 것 같고, 보고 싶은 것도 많을 것 같다.
1년이 지난 다음해의 가을을 내가 볼 수 있다는 것은, 난 지금의 이 어려움을 잘 극복했다는 뜻이 될 것이다.
지금 아무리 아름다운 산과들 바다를 바라보아도 내 눈에는 들어오질 않는다.
아름다운 바다를 보고 싶다.
아름다운 산을 보고 싶다.

아름다운 하늘을 보고 싶다.
아름다운 가을의 들판을 보고 싶다.
내 고향 보성의 그 아름다운 강줄기를 우리 내 가족이 같이 가서, 물에 발을 담그며 송사리들이 자유로이 노니는 모습들을 넋을 놓고 바라보고 싶다.

내 고향 보성에 가면 만나고 싶은 사람도 많이 있을 것이다.
아버지와 함께 사진을 찍었던 그 옛날 어르신들이 지금은 다들 고인이 되시고 만나볼 수 없지만, 그분들의 발자취를 따라가 보리라.

하나님!
어두움의 그늘이란 거 아세요?

주님~!
'어두움의 그늘'이란 것을 알아요.
그
그늘.

주님~!
이런 생각을 하면서 나도 모르게 눈물이 났어요.

지금 난 행복한가…?
아님
불행한가…?

당신과의 만남은 정말 커다란 행복을 만들었어요.
지금 나에게는 웃을 수 있고
지금 내 마음을 이야기할 수 있고
지금 나의 모든 것을
당신께 의지할 수 있다는 것들이
얼마나 큰 행복인지 모릅니다.

하지만…
만일 내가 어떤 사고로 정신을 잃게 되었을 때
당신께서 친히 오셔서
"다시 이 세상에 나가고 싶으냐?"
물어 오신다면

지금 난
"아니요. 그냥 주님 곁에 이렇게 있게 해주세요…."
이렇게 대답을 할 것 같아요.
이런 생각을 반복하며 운전하고 출·퇴근을 해왔다. 반대 차선에서 달려오는 차들이 나를 받아주기를 원했다.

그러면 오히려 정신을 똑바로 차리고, 주의 천사가 친히 와서 다시 세상 속으로 나가 살기를 권유했을 때, 나는 나를 천국으로 데려가 달라고 애원할 생각이었다. 나에게는 천국의 소망이 있다.

"주님! 너무 힘이 들어요. 살아도 주님의 것이요, 죽어도 주님의 것이니 저를 좀 빨리 데려가 주세요!"

이렇게 애원할 것이다.

그날도 그렇게 생각을 하며 운전을 계속하고 있는데, 난 내 옆에 아주 포근한 그가 나와 동행하고 있음을 느껴왔다. 그분은 형상은 기억이 나지 않지만 나를 이전부터 잘 알고 계시는 분인 것 같았다. 그분은 나에게 아주 강하고 안타까운 어조로 말했다.

"보아라! 저곳을 내려다보아라!"

나는 그분과 아주 높은 곳에서 내려다보는 듯한 느낌이 들었다.

놀랍게도 내 앞에서 펼쳐진 그 모습들은 난 이미 죽어 그 곳에는 없는 듯한 느낌이 들었고, 세상 속의 날 아는 형제·친지·친구들의 기억 속에는 나라는 존재가 이미 사라진 듯, 자기 일들에 충실한 모습들이 눈에 들어왔다. 가끔 날 한번씩 쳐다보는 그 눈들은 이전의 날 바라보는 눈들과는 달리 아주 무섭고 차가워 보였다.

난 몹시 서운했다.

'내가 벌써 저들의 기억 속에서 저렇게 지워져 버렸다니…!'

우리 부모님을 보았다. 크나큰 실의와 낙심·공허함·슬픔에 싸여 있는 우리 어머니!

아버지를 난 보았다. 슬퍼하며 하루하루를 보내시는 부모님을 보여주셨다. 돌부리에 걸려 힘없이 넘어지시는 우리 어머니를 보여주셨다. 가슴이 찢어지고 메어져 왔다.

하지만 이상하게도 눈물은 나지 않았다. 옆에 계신 그분에게서 포근함을 느꼈고 따뜻함을 느꼈기에…. 내 앞에서 펼쳐진 세상 속의 삶은 아주 비참하고, 유치하기 짝이 없었다.

나에게 그렇게도 멋져 보였던 것들이
그렇게 초라해 보였고,
내가 그렇게도 갖고 싶어 했던 것들이
그렇게도 조잡해 보였고,
내가 그렇게도 부러워했던 가진 자들의 삶이
그렇게 별 볼일 없어 보였다.
내가 그렇게도 하고 싶었던 일들이
그렇게도 평범해 보였고,
내가 그렇게도 보고 싶고 가보고 싶었던 곳들이

그렇게도 더러워 보였다.
부자의 삶도 가난한 자의 삶도
나에겐 한결같이 초라하게 보여졌다.

지금 나에게 그때 상황과 그 분위기가 기억에 너무도 생생하게 남아 있지만, 어떤 단어, 어느 말로 표현해야 할지 모르겠다.

마치 우리 집에서 기르고 있는 강아지 짱아가 있는데, 내가 다 먹고 난 족발 뼈를 주면 짱아는 얼른 그걸 물고 자기 집으로 가지고 들어간다.
우리 집 짱아는 행여 누가 그걸 빼앗아갈까 두려워 누가 자기 집 앞으로만 지나가기만 해도 으르렁거린다.
평소 그렇게 잘해주던 딸아이에게까지 짱아는 그 뼈를 지키기 위해서 으르렁거린다.
그렇다.
내가 그 뼈를 본들 욕심을 내겠는가?
우리 딸아이가 그 뼈다귀를 본들 욕심을 내겠는가?

우리 집 강아지 짱아에게는 소중한 것이지만, 나나 우리 딸아이에게는 별 볼일 없는 것이었다.
내가 내려다보고 있는 그곳에서 세상 속의 사람들이 그

렇게 소중하게 여긴 것들이, 마치 내가 우리 집 강아지 짱아의 소중한 뼈다귀를 들여다보는 느낌이었다.

난 분명 운전을 하고 출근을 하는 중인데, 이런 모든 환상이 너무도 생생하게 보여진 것이었다.
정말 힘들어 죽고 싶었는데… 무엇 때문에 힘이 들었던가. 갖고 싶은 것을 못 가져서, 그렇게 하고 싶은 것 못해서, 그렇게 부러웠던 사람들처럼 못살아서였다. 하지만 난 그런 모든 것들을 너무도 생생하게 다 보았다.
우리 주님께서 보시기에는, 아니 천국에서의 삶과 이 땅의 삶을 비교초차 안되겠지만 표현을 꼭 한다면, 마치 말 못하는 아주 작은 원숭이와 같은 동물들이 밀림 속에서 서로 먹이를 놓고 싸우고 자기 영역을 놓고 싸움질하는 것을 삶의 전부로 하루하루를 살아가는 것을 방 안에서, 텔레비전으로 지켜보고 있는 것 같았다.

내가 그런 것들 때문에 죽을 수는 없었다.
나를 사랑하기에
하나님의 사랑하는 자녀이기에
이 세상의 빛과 소금이 되는 길을 만들어 걸어 나갈 것이다.
주님이 보내신 좋은 군인이 되겠다.

허약한 이 날개를 이제는
하나님의 은혜로 단단하고 힘있는 날개로
하늘을 달릴 것이다.
내 몸이 부서진다 해도 말이다.

▼ 즐거운 시절: 괌 여행 때

4. 4남전도회 회장을 맡다

내 마음이 기쁨으로 가득할 때 하나님은 속삭이셨고, 내 마음이 고통 가운데 있을 때 그분은 크게 외치셨다. 정말 힘들고 어려움으로 사방팔방이 다 막혀 있다 할지라도 나에게는 언제나 그분이 계셨기에, 힘이 생기고 소망이 생겼다.

2004년에 교회에서 4남전도회 회장 일을 한번 맡아보라는 권유가 들어왔다. 2003년도 열심히 교회에서 찬양대로 봉사하게 하심으로 나를 지금까지 지켜주셨다는 것을 난 알 수 있었다. 그래서 정신적으로 보나 가정이나 주위 환경으로 봐서 정말 감당하기 어려운 직분이지만 난 쾌히 승낙을 했다.

내가 하고 싶다고 해서 다 할 수 있는 것은 아니고 다 투표를 해봐야 알겠지만, 그래도 난 회장 직분을 잘 감당하면 2004년도 잘 지켜주시리라 믿고 쾌히 승낙을 했던 것이다.

남들이 나를 위해 기도해 주는 것도 내게는 커다란 위로가 되었지만, 내가 매일 주님을 의지하고 그분과 동행함으로 나는 바로 설 수가 있었다. 내 대신 다른 사람이 밥을 먹어 줄 수는 없듯이 내가 열심히 퍼서 먹음으로 나는 일어설 수가 있었다.

이전에 정말 죽음을 생각하고 나니 하루하루가 마지막이라는 생각을 하게 되었고, 정말 모든 것이 소중하게 여겨졌다. 앞으로 나의 삶은 많은 재물을 모으려 하기보다는 좋은 일을 많이 하기에 힘쓸 것이고, 호화로운 삶을 갈망하기보다는 사랑이 가득하고 주위를 돌아보는 삶을 살 것이다.

우리가 살면서 호흡하는 것이 아주 쉽고 자연스럽고 누구에게나 가능하지만, 그것 또한 언제인가는 한 번은 멈춘다. 오늘이 될지 내일이 될지 아무도 모른다. 다만 한 번은 멈춘다는 것은 다 아는 사실이다.

그래서 내일을 믿어서도 안 된다. 난 내일 숨이 안 쉬어질 수도 있으니 말이다. 아무리 내 인생에 모진 비바람이 불어와도 그것은 내가 숨을 쉬고 있다는 증거이니, 기쁨으로 받아들이고 좌절하지 말고, 오로지 위에 계신 그분만을 바라보며 비전을 계속 가지고 있으면 그 비전은 반드시 이루어지리라 믿는다.

정신을 어디에 두고 다니는지, 차문에 내 손을 넣고 닫아 버리는 바람에 내 손톱이 빠져 버렸다. 또 차문이 다 열리지도 않은 상태에서 얼굴을 들이밀어 얼굴에 큰 상처를 내서 이른 아침부터 응급실 신세를 지기도 하는 등…. 이러다가는 무슨 큰일이 날 것만 같았다.

5. 집을 팔려고 내놓다

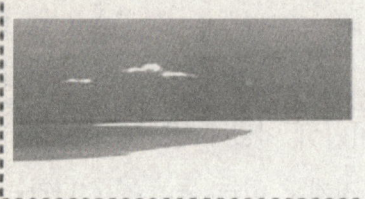

2004년 1월, 퇴근길에 핸드폰 벨이 울렸다. 액정에 표시된 번호는 생소한 번호였다.
"여보세요."
저쪽에서 가늘고 힘없는 여자의 목소리가 들려왔다.
"형부, 전데요. 저를 좀 어떻게 해 주세요 너무 힘들어요."
나는 무슨 말인지 잘 알아들을 수가 없어 아무 대답을 할 수 없었다.
"무슨 말이야, 처제? 천천히 다시 말해 봐."
"제가 너무 힘들고 어려우니 날 좀 어떻게 도와주세요. 형부 집에서 좀 살 수 없을까요?"

같이 사는 거야 그렇게 문제될 것은 없지만 내 형편이 말이 아닌데…. 내가 지금까지도 어려웠지만 카드 연체된 날이 계속 하루하루 늘어만 가고 있는 터라 형편이 말이 아니었다. 정말 2년을 그렇게 어려움 속에서도 실질적으로 연체는 되지 않았지만, 겨우겨우 결제를 해왔는데, 1월부터는 정말 어떻게 할 수가 없었다. 정말 손을 쓸 수가 없었다.

처제는 집에 와서 같이 살면서 언니하고 분식집이라도 해 보겠다고 했다.

집으로는 언제나 카드사로부터 독촉전화가 빗발치고 아이들은 더욱 불안해하고, 아내는 신경이 쇠약해질 대로 쇠약해지고 정말 집안 꼴도 말이 아니었다. 청소도 부엌 설거지도 다 뒷전이고 모든 것이 엉망진창이었다.

이런 와중에 힘이 드는 분식집을 해보겠다니, 말리고 싶은 마음이 전혀 없는 것은 아니었지만 조그마한 희망을 분식집으로 쏟아부어 보기로 했다.

구정을 맞이하러 고향으로 출발했다. 대폭설로 23시간이나 되는 기나긴 시간을 우리는 달려서 고향으로 가야만 했다. 출발하기 전날 겨우 기름값과 통행료만을 마련해서 가야 했기에 즐거운 마음이 하나도 없었다.

우리 부부는 전날 그냥 잠을 잤는데 아이들이 달걀도 삶고 김밥을 새벽까지 준비를 했다. 많은 눈으로 시간이 많이 걸린다는 TV 뉴스를 보고 우리가 돈이 없다는 것을 알고 아이들이 가다 먹을 식사를 준비한 것이다.

기특한 녀석들이다. 우리 부부가 곤란해할까 봐 자기들끼리 짜낸 묘안이 아주 그럴 듯하다. 우리는 긴 시간을 가면서 딸아이들이 준비한 그 밥을 아주 잘 먹었다.

시골에 간다고 하면 아이들은 휴게소에서 '주전부리'하는 재미가 있었는데, 아이들도 그런 것을 포기하고 미리 준비해 놓은 것을 보고 마음 한편이 찡하게 울렸다.

구정에 집에 갔는데 정말 아무데도 가기가 싫었다. 집에서 한 발자국도 나가지 않고 사흘을 있다가 올라왔다.

행여 나의 그 힘들어 보이는 표정을 친구들에 보여질까 봐서 정말 나가기 싫었다. 그렇게 구정을 마치고 집으로 돌아왔다. 또 그렇게 어려운 전화 독촉으로 매일을 아내는 그렇게 시달려야만 했다.

아침 9시부터 저녁 9시까지도 전화가 걸려왔다.

이쪽 사정은 도무지 들으려고 하지 않고 그쪽 할 말만 계속 반복해서 해댄다.

'갚지도 못할 돈을 왜 썼냐?'

언제까지 못 갚으면 재산을 압류하겠다고 한다.

아내는 정말이지 죽고 싶은 심정이었을 것이다.

나는 회사에 부탁을 해 보기로 마음을 먹었다.

그러나 회사에 부탁을 한들 대답은 뻔했다.

그간 2년을 보너스도 잘 나오지 못할 만큼 회사 사정도 어려운 터라 그 큰돈을 해준다는 것은 불가능한 일이었다.

사장님은 힘들다고 하셨다. 아니 해주고는 싶은데 정말 회사 형편이 어려웠다.

그 다음날 사장님은 종일 안 보이셨다. 결근을 하신 것이다.

얼마나 내 마음이 무거운지 정말이지 죽을 지경이었다. 처제도 우리가 이렇게 어려워진 것을 보고 한 발짝 뒤로 물러섰다. 어쩜 자기보다 더 어려워 보였기 때문이다. 처제가 온다고 한 다음부터 우리는 본격적으로 어려워지기 시작했으니까. 아니 처제가 온다고 해서가 아니라 이미 예견된 일이었다. 회사도 힘들고 정말 길이 보이지 않았다.

나는 결심을 했다.

'집을 팔아서 단칸방으로 옮겨가 살자.'

나는 아이들이랑 아내를 불러놓고 이야기했다.

큰아이는 당분간 기숙사 신세를 지기로 했고, 작은아이는 서울 이모집에 가서 학교를 다니라고 했다.

아이들은 싫다고 닭똥 같은 눈물을 흘리고…. 우리 집은 눈물바다가 되었다.

다음 날 아내는 여기저기 부동산에 집을 내놓았다. 사실 집을 팔아도 빚을 다 청산할 수는 없었다. 단지 집이 아내 이름으로 되어 있었기에 그렇게 하지 않으면 아무것도 없이

다 날아가 버릴 것 같아서 그렇게 생각한 것이었다.
 그런데 집을 보려고 오는 사람이 1주일, 2주일이 지나도 한 사람도 없었다. 아니 부동산에서 전화 한 통도 오지 않았다. 피가 말랐다. 아니, 피가 다 타들어간 듯했다.

6. 2004년 1월, 빛이 보이다

퇴근시간에 한 통의 전화가 왔다. 이전에 천안에서 극적으로 나에게 도움을 준 배 사장이라는 친구였다. 난 심장이 멎을 것 같았다.

그때 빌린 돈을 갚아야 할 시기가 왔기에 그 돈 때문에 전화한 것으로 알았기 때문이다.

저녁식사나 하자는 것이었다. 나는 대답은 했지만 정말 마음이 무거웠다. 만나긴 했지만 난 안절부절못하고 시선을 어디에 둬야 할지 몰랐다.

'이 친구가 언제쯤 돈 이야기를 시작할까?'

정말 불안했다.

'돈 이야기를 하면 뭐라고 말을 할까…?'

정말 밥을 먹는데도 밥이 코로 들어가는지 입으로 들어가는지 알 수가 없었다.

"손 부장님, 돈 어떻게 하실 거예요? 기간이 다 됐죠?"
"응, 해야지…."

난 그렇게 대답을 하고 말꼬리를 흐렸다. 다행이 배 사장, 그 친구는 더 이상 그 돈에 관한 말을 꺼내지 않았다. 요즘 일은 많은데 내년의 일이 좀 불투명해서 뭔가 새로운 아이템을 미리 준비해야겠는데 뭐 좋은 것이 없는지 내게 물었다.

그때 갑자기 생각나는 것이 있었다. 괜찮은 아이템이 하나 있는데, 자금문제로 진행을 못하는 사람이 주위에 있는 것이 생각났다.

그래서 그 친구에게 그 아이템을 설명했는데 당장 한번 만나보자고 했다. 다음날로 약속하고 다음날 출근하자마자 아이템이 있는 회사로 찾아갔다.

다행히 그 회사의 사장은 유 사장이란 분으로, 내가 아주 잘 아는 관계였고 같은 건물에 있는 회사였다. 아이템이 있는 회사의 유 사장님 역시 내 제안을 흔쾌히 받아들였다. 그 유 사장님 역시 자금에 어려운 터라….

그래서 두 사장님의 만남을 난 주선해주고 내 난 다시 사무실로 돌아왔다. 그런데 이야기가 잘 된 듯했다. 이야기가 거의 다 되었으니 날더러 잠깐 내려오라는 것이었다.

배 사장이 그 아이템을 한번 해보겠다고 했다. 의외였다 그렇게 간단히 성사가 될 줄은 나도 몰랐다.

그 후로도 몇 번 두 사장님과 나는 미팅을 했다. 사실 내가 거기 참석했지만 난 날마다 집에만 가면 근심·걱정이 몰려오는 터라 표정관리가 안되었다.

일을 진행하는 과정에서 배사장이 나더러 자기 회사에 와서 그 사업을 진행해달라는 제안을 해 왔다. 난 하고 싶었다. 순간적인 제안이었지만, 왠지 마음에 평안함이 왔다.

난 그 자리에서 쾌히 승낙을 했다. 내가 이 일을 하면 뭔가 돌파구가 열릴 것이라는 확신이 왔기 때문이다. 그때가 아내가 극동방송국 중보기도단에게 60일 중보기도를 부탁해서 60일이 다 되어가는 날이었다.

'그래, 뭔가 응답일 거야. 내가 마음이 이렇게 편안해지는 걸 보면…!'

진짜 마음이 편했다. 지금 처해 있는 나의 모든 문제를 극복해갈 수 있는 돌파구를 찾은 듯했다.

일은 하기로 결정은 다 끝났는데 내 보수 문제가 아직 결정이 되지 않았지만 난 다 하나님께 맡겨 버리니 마음이 편했다.

배 사장이 나의 보수문제 때문에 시화에까지 왔다. 그날 아무 어려움 없이 내가 원하는 금액을 보수를 받을 수 있었다. 모든 것들이 하나님의 은혜 가운데 잘 진행이 되어갔다.

그런 일을 진행하는 과정에서 잘 된 것인지 잘못된 것인지는 알 수 없지만, 다니고 있던 사장님이 외국에 출장을 가셔서 일을 진행해 나가는 데 어려움은 없었다.

그리고 나서 모든 일이 긴박하게 돌아갔다. 모든 결정을 다 했고 지금 이 어려움을 극복하기 위해선 이 길이 최선인 듯했다. 난 이 모든 것을 아내에게 말했다. 뛸 듯이 기뻐하는 아내의 모습은 참으로 오랜만이었다.

아내는 당장 그렇게 하라고 했다. 나 역시 그 길이 최선의 길이라 생각이 들어 새벽기도 시간에 기도를 많이 했다. 아내가 활기를 찾은 듯했다. 집안 청소며, 표정도 밝아지고, 모든 것들이 눈에 띄게 달라 보였다.

나는 새벽기도 때 주님께 여쭈어 보았다.

'주님! 저는 이 길이 너무 좋아요. 집에 온 가족들이 다 좋아합니다. 아내는 춤을 추듯이 좋아하고 있어요. 하지만 주님 이 방법이 주님이 원하지 않은 방법이라면 포기하게 해 주세요.'

내 눈에서는 하염없이 눈물이 흘러내렸다.

'가족들이 2년 만에 활기를 찾은 길인데, 주님이 그 길이 아니라고 하시면 어떻게 하나…?'

이런 우려 때문이었다.

다행스러운 일은 그렇게 기도를 하고 나니 너무나도 나에겐 평안함이 왔다. 마치 하늘을 날 듯한 평안함이었다.

　그날 나는 다니고 있던 회사 사장님께 말씀을 드렸다. 이전에 내가 나의 사정을 다 말씀해 놓아서 내 형편을 다 아시고, 내가 그 문제의 해결 때문에 회사를 옮겨야겠다고 했더니 많이 속상해하시며 내가 좋은 방향으로 선택을 하라고 하셨다.

7. 연대보증 문제를 해결하다

모든 것이 다 순조롭게 되어 가고 있을 때 집에서 전화가 왔다. 다급한 아내의 목소리가 들렸다. 법원에서 출두서가 왔다는 것이다. 내가 사업할 때 부도난 어음문제로 이제야 법원에서 날 부르는 것이었다.

난 단숨에 집으로 갔다. 황당했다. 부도가 나면 내가 해결해 주겠다고 '연대 보증인란'에 내 사인이 있었다.

그 서류를 들고 후배 변호사에게 달려가 물었더니 그 돈을 내가 다 갚아줘야 한다고 했다.

몇 명 더 연대 보증인이 있는데, 내가 1차로 변제를 하고 나서 내가 재판을 해서 다른 사람들에게 받아야 한다는 것이다. 그 돈은 10년 동안 이자까지 붙어서 6천만원이 넘는 큰 돈이 되어 있었다.

정말 앞이 캄캄했다. 갑자기 속이 울렁거리기 시작했다. 마치 차멀미라도 하는 것처럼! 피하기도 힘들고 갚기도 어려우니 다른 방법을 찾아볼 수 있겠느냐고 후배 변호사에게 물어보았지만, 몇 번 재판을 해서 금액은 깎을 수 있을지 모르지만 근본적인 방법은 없다고 했다.

나는 변호사 사무실을 나왔다. 소장에 적혀 있는 전화번호로 전화를 했다. 당장 만나자는 제안을 한 후에 나는 차에서 기도를 했다.
"주님 왜 이렇게 어렵죠? 저, 죽을 지경인데요. 조금 있으면 그 사람을 만나는데, 주님 어떻게 하면 좋을까요? 저는 아무 방법이 없어요."
그런데 기도하는 중에 300만원이란 숫자가 생각났고, 그것도 한꺼번에가 아니고 몇 번으로 나눠서 주는 걸로 말을 해야겠다는 결단이 섰다.

그 사람이 알려 준 장소를 찾았다. 들어가는 순간, 정말 숨이 막힐 것 같았다. 종로에 많이 있다는 사채업자 사무실이었다.

난 오늘 여기서 죽어야겠다고 생각했다. 만일 하나님이 안 도와주시면 결코 여기서 나가지 않으리라는 생각을 했다. 나는 정말 '선수들'에게 딱 걸린 것이었다.

나는 지금 내 사정을 이야기했다. 그리고 그 어음의 돈은 내가 단돈 1원도 쓰지 않았다는 것도 그 사람은 이미 알고 있었다. 단지 내가 보증인이고 다른 사람들을 찾다가 못 찾아서 나에게 재판을 건 것이었다. 그 사람과 이야기하다,

'정말 이러다 사람이 정신을 놓으면 죽는구나…'

이런 생각까지 들었다. 마치 장이 뒤틀리고 온몸에 힘이 빠지는 것 같아 의자에 앉아 있을 수가 없었다.

"난 지금 상황에선 어떻게 할 수가 없습니다. 도의적으로 책임은 지겠는데 내가 할 수 있는 범위에서만 가능합니다."

내 말에 그 사람은 지금 내가 살고 있는 집 방을 하나 달라는 등 이런저런 제의를 했다. 하지만 말도 안 되는 제안이었다.

'우리 집에는 나를 빼고는 다 여자들만 사는데, 어떻게 다른 사람이 우리 집에서 살 수 있다는 것인가?'

이야기를 하는 중간 중간 나는 눈을 감고 기도했다.

'주님! 저분의 마음을 움직여 주세요!'

나는 진짜 해결하지 않고는 집에 들어가지 않을 생각이었다. 얼마나 그렇게 줄다리기를 했을까?

마침내 그 사람의 마음이 움직이기 시작했다. 내가 원한 대로 300만원에 합의해서 합의서를 작성하고 나는 그 사무실을 나왔다.

나는 변호사 후배에게 전화를 해서 그 사실을 알렸더니,

어떻게 그렇게 가능한 건지 너무도 잘된 일이라고 하면서 그 합의서를 법원에 답변서로 보내라고 했다.

변호사와 전화를 끊고 집으로 전화를 했다. 정말 힘든 하루였다.

'언제나 나는, 아니 우리 인간은 이런 문제들의 틈바구니 속에서 벗어날 수 있을까?'

정말 무서운 세상이다. 정말 살기 어려운 세상이다. 이런 세상에서 언제나 나의 힘이 되신 분은 우리 주님이시다.

우리가 이렇게 하루하루를 살아가고 있는 동안, 우리 가족 이상으로 힘들어하고 마음아파하신 분은 시골에 계신 부모님이셨다. 늙으신 부모님에게 우리가 정말 얼마나 큰 죄를 짓고 있는지…. 부모님들은 우리들 걱정 때문에 밤잠도 설치시고 식사도 마음 편히 못 드시고 계셨다.

우리 부부가 시골에 가는 날이면 부모님들은 우리의 눈치를 살피시고, 우리의 밝은 표정이 부모님의 밝은 표정이 되었고, 우리의 어두운 표정이 부모님의 어두운 그늘이 되었다. 이렇게 가슴아파하시는 부모님을 하루라도 빨리 안심을 시켜드리고 싶었다.

그래서 시골에 계신 부모님에게 모든 일들이 잘되고 있다고 말씀을 드렸다. 두 분은 너무도 즐거워하셨다. 사실 나는 두 분이 살아계실 때 이 모든 것을 해결하고 잘 사는 모습을 보여 드리고 싶었다. 아니, 꼭 그렇게 해드릴 것이다.

　어머니는 너무 좋으셔서 우리 집까지 찾아오셨는데 사실 그때까지는 크게 변화된 것이 없었지만, 그래도 아내와 지난 일들을 몇 시간 동안 이야기하실 기회를 가졌다.

　어머니는 너무도 만족해하셨다. 이렇게 긴 시간 동안 아내와 이야기하는 일이 너무도 오랜만이었기에….

　아내는 자기의 잘못으로 인해 일어난 일이었기에 이야기하기를 정말 꺼려했고 되도록이면 같이하는 시간을 피했었다. 그러나 아내 역시 지금은 앞이 보이기에 다 털어버리고 이야기를 할 수 있었던 것이다.

8. 새 회사로 출근하다

로운 회사에 출근을 했다. 여러 가지로 생소한 일이지만 그래도 점점 마음의 평온을 찾은 듯하다.

정말 몇 년 만인가? 우리 부부는 둘이서 가까운 공원에 산책을 했다. 마치 어린아이처럼 즐거워하는 아내는 벌써 40을 넘겨버린 중년 아줌마가 되어 버렸다.

집에서 옥구공원까지는 꽤 먼 거리였다. 길을 걸어가면서 우리 두 사람은 이런저런 많은 이야기를 했다. 참 힘든 시간이었지만 우리 부부는 이렇게 나란히 한 길을 다정하게 걸어가고 있다.

아내의 손이 따스하다. 험한 길을 이렇게 잘 참고 견디어준 아내가 정말 사랑스럽다.

글을 마치면서

나, 당신을 사랑해도 될까요?

지금 힘이 드세요?,
지금 어려우세요?
지금 앞이 캄캄하세요?
지금 외로우세요?
지금 서러우세요?
지금 길이 안 보이세요?

내가 뜻을 다해 꿈을 이루고 성공했다고 해서 드릴 것이 많은 것일까요? 아니면, 가난하여 당신을 품을 수 없을 만큼 심령이 여윈 것일까요?
　2천 년 전, 당신이 십자가에서 보이신 사랑보다는 너무나 작아 보잘것이 없지만,

하지만 지금 당신을 사랑합니다.

슬픔도, 미움도, 아픔도, 가난함도, 외로움도 물리칠 수 있는 영원한 생명이 있는 주의 나라, 그 나라까지 날아갈 수 있는 기도와 하나님의 말씀은 언제나 날개가 있음을 확신합니다. 나를 사랑할 수 있고, 내 이웃을 사랑할 수 있는 사랑의 안경을 당신에게 선물받아 저는 오늘도 웃으며 아침을 맞이합니다.

주님께서 예비하신 작은 들꽃의 향긋한 내음과 부지런한 새의 노랫소리도 오늘따라 더욱 아름답게 들립니다.

나, 당신을 사랑해도 될까요?
당신과 함께 하고 싶은 마음은 이제 가슴이 터질 것만큼 부풀어 더 이상 참지 못하겠습니다. 늘 깨어 있고, 당신을 향한 마음을 열어 두겠습니다.

하나님께서는 언제나 저를 기다려 주셨습니다. 그리고 하나님의 놀라운 계획은 당신의 걸음, 또 한 걸음에도 깃들어 있습니다. 당신을 사랑하는 하나님께서는 당신을 기다리고 있습니다. 당신이 남몰래 눈물 흘리고 있는 동안에도 하나님께서는 당신 뒤에서 당신의 등을 토닥이고 있습니다.

당신이 홀로 거닌 그 길도 돌아보면, 어느새 하나님께서는 마치 어머니가 갓난아기를 등에 업고 가듯 그렇게 당신을 안고 업고 길을 가십니다. 당신을 이리도 사모하는 하나님을 만나러 오십시오.

"수고하고 무거운 짐진 자들아 다 내게로 오라 내가 너희를 쉬게 하리라 나는 마음이 온유하고 겸손하니 나의 멍에를 메고 내게 배우라 그러면 너희 마음이 쉼을 얻으리니 이는 내 멍에는 쉽고 내 짐은 가벼움이라 하시니라"(마 11:28-30).

이만 여기서 나의 이야기를 접으려고 합니다.
이 글을 준비하면서 정말로 많이도 울었습니다. 거의 사무실에서 글을 쓰는데 현실적인 압력에 밀려 포기할까 하는 생각도 수없이 했습니다.
그러나 나를 지금껏 성장할 수 있도록 도와 준 거름임을 알기에 그럴 수는 없었습니다. 나의 땅이 그렇게 기름지지 않아도 많은 사람들에게 희망을 건넬 수 있는 공간임은 확신할 수 있습니다.
당신과 나, 그리고 우리는 함께 서야 합니다. 그리고 우리의 삶을 다 함께 가꾸어 나갔으면 합니다.
물론 산다는 일이 기계처럼 짜여진 방법으로만은 이해되지 않을 것입니다. 그러기에 넘어져 상처를 입을 수도 있을 것입니다. 그러나 더 큰 보람을 위해 그쯤은 이겨 낼 수 있습니다. 왜냐하면 우리에게 아직 해야 할 일들이 너무나 많이 남겨져 있기 때문입니다.

끝으로 이 간증집을 펴낼 수 있도록 도와주신 진주시 가좌동에 살고 있는 박보현씨와 나됨 출판사의 김이리 사장님께 감사드립니다.

독자의 글 1

■ 박보현(진주시 가좌동, 학생)

지난 여름 방학 동안의 작업이 겨울이 되어서야 제대로 옷을 갖춰 입었다.

단순한 아르바이트 수준으로 착각하면서 손동관씨의 글과 인연을 맺게 되었다.

비록 컴퓨터상의 활자로만 다가설 수밖에 없었지만 내 마음의 적지 않은 파문을 일으켰다. 아직 학생 신분이라 주로 늦은 밤에 혼자 작업을 했다. 그러다 보면 자연스레 나의 하루를 떠올리는 시간도 가지게 되고, 나의 힘듦이 글 속에 녹아 있어 반갑기도 했다. 마치 내가 일본에 유학을 간 것처럼, 그렇게 눈물 흘려가며 글과 마주 한 시간들이 엊그제 같은데 벌써 계절은 두 번이나 옷을 갈아 입었다.

누군가 그랬다. 자신의 고민이 세상에서 가장 큰 고민으로 느껴질 때는 바다로 한번 떠나보라고…. 바다 앞에 서서 자화상을 그려보라고…. 그리고 자신의 내면과 대화하는 시간을 가지라고….

이 글을 읽으며 나는 매번 바다에서 가장 넓은 '태평양'으로 여행을 했다. 그리고 현재를 즐길 수 있는 지혜로움도 배웠다. 순간의 아픔을 체념하여 받아들이는 것이 아니라 피할 수 없을 때는 당당히 맞서 싸울 수 있는 용기를 가지는 것이 필요하다는 것을 말이다. 그리고 자신이 품고 있는 꿈은 자신의 목숨과도 같이 소중히 간직해야 한다는 것을 말이다.

개인적으로 요즘은 자유로움이 버겁게 느껴진다. 시간이 지날수록 미래에 대한 불투명성이 커지기 때문이다. 물론 아직 다가오지 않은 시간들이지만 그것은 지금의 나를 숨막히게 한다. 그럴수록 주위 사람들의 바람에 흔들리기 쉽다.

나는 들었다. 철없는 시절 꿈꾸던 것이었지만 결국은 자신의 바람을 단호하게 지켰듯이…, 나 또한 그렇게 할 수 있다고. 나의 무한한 가능성에 깊은숨을 들이쉬고 다시 시작하라고!

나는 새로운 날개를 달고 다시 비상할 것이다.

날개가 돋을 때까지 기다리는 것이 아니라, 내가 손수 만들 날개를 직접 달고 저 푸른 하늘 높이 '날개짓'할 것이다.

독자의 글 2 -저는 한국을 좋아합니다

■ 高木(일본공학원 음향공학과 졸업,
현 한국 리테일 네트워킹 근무)

「なぜ、韓國語を 勉強し始めたの？」このような、質問を
何百回も 聞かされた人は、多いと思う。
"왜 한국말을 공부하기 시작했습니까?"와 같은 질문을, 몇
백 번이 넘도록 받은 사람은 아주 많이 있을 것이라고 생각
합니다.

人に よっては、そんな質問が 今では、苦痛であると言う
事も 聞いた事がある。
사람에 따라서, 그런 질문이 지금은 고통스럽다고 하는 사
람도 있다고 들었습니다.

では、僕自身そうなのか、と言うと、そうではない。
むしろ、韓國人といろいろな事を、話す絶好のチャンスだ
と、僕は、そう思っている。

글을 마치면서 **219**

그러면, 저 자신은 어떨까요? 하고 자신에게 질문을 해보면 꼭 그렇지만도 않은 것 같습니다.
저는 반대로 한국사람과 이런저런 일들을 이야기할 절호의 찬스라고 생각합니다.

「なぜ、韓國語を 勉强し始めたの？」と言う質問を 受けると決まって答えるのは、日本にいる友達の影響と、「隣の國だから。」と答える。
'왜 한국말을 공부하기 시작했습니까?'라는 질문을 받으면 일본에 있는 친구의 영향과, '가까운 국가이기 때문에.'라고 대답합니다.

友達のＳとは、アルバイト先で知り合った。
S라는 친구와 아르바이트하는 곳에서 서로 알게 되었습니다.

今から、8年前になるんだけど、當時、同じアルバイトをしながら、アメリカについて、いろいろ聞いたり、英語で、話している所を見たりして、ただ、單にカッコイイと思い、語學ができると、いろいろな人と話しができるんだなぁと、思い、僕もなにか語學を勉强したいと、思った。
지금부터 8년 전 일이지만, 당시 같은 아르바이트를 하면서, 미국이란 나라에 대해서 많은 것들을 듣기도 하고, 영어로 말하는 것을 듣기도 해서 그냥 멋있구나! 하고 생각했습니다. 외국어가 가능하면 더 많은 친구들과 대화를 할 수 있겠구나! 하고 생각을 해서 저도 어떤 나라의 어학을 공부하고 싶다는 생각을 갖게 되었습니다.

だけど、不思議と英語は、勉強する氣にならなかったし、勿論、必要なのは、分かっているけど、今でも、そんな氣持ちがある。

그런데 이상하게도 영어를 공부하고 싶다는 생각이 들지 않았습니다.

물론, 필요하다는 것은 알고 있었고, 지금도 영어가 필수적이라고 생각합니다.

それに、語學を勉強するという事は、國を理解できるという、意味にもなるんじゃないかなぁ、とも思った。

또, 그곳의 어학을 공부하는 것은, 그 나라를 이해할 수 있다는 계기도 될 수 있겠다는 생각을 했습니다.

それで、どうせ勉強するなら、遠くの國より、近くの國から、理解したいと思い、1番近くて、遠い國、と言われている大韓民國にした。

그래서 이왕 공부를 하려면 멀리 있는 나라보다는 가까운 나라부터 이해하고 싶어서, 가장 가까우면서도 먼 나라로 불리어지는 대한민국으로 결정했습니다.

當時、僕は、韓國について、あまり知らなかった。
그때 저는 한국에 대해서 별로 아는 것이 없었습니다.

だた、何回か旅行では、來た事があったが、なぜ、"1番近くて、遠い國"と言われているのか、理解したっかたし、(歷史も) 日本にいても、それほど、情報がなかったので、勉强がてら、韓國に行って、韓國の人と韓國語で話して、韓國を理解したいという氣持ちに、なぜか、かられた。
한국에서의 짧은 여행을 경험했었지만 왜? '가장 가까우면서, 먼 나라'로 불리어지는지 이해하지 못했고 (한국의 역사도) 일본에서는 한국 사료가 없기 때문에 공부를 하려면 한국에 가서 한국 사람들과 한국어로 대화하면서 한국을 이해하고 싶다는 의지가 강하게 심겨져 있었습니다.

僕が韓國に來たのは、１９９８年の１１月の終り頃だった。
제가 한국에 온 것은 1998년 11월 말경이었습니다.

當時の僕は、韓國語が、全くわからず、どうしたら、わからないなりに、韓國、韓國人を理解できるのか、考えた。勿論、來てすぐ、理解する事は、無理なのは、承知だと思っていた。

당시 저는 한국어를 한마디도 할 수 없었지만, 어떻게 하면 한국어를 모르면서도 한국과 한국인을 이해할 수 있을까? 하고 생각했습니다. 일본에서 온 지 얼마 안되어서부터 이해할 수 있는 것은 무리라는 것은 알고 있었습니다.

だから、なるべく、休みの日は、地下鐵やバスに、乘るようにして、いろいろな所に行き、韓國や、韓國の人に見るようにした。

그래서 가능하면, 휴일날이면, 지하철이나 버스를 타는 쪽으로 해서 이런저런 장소에 가서, 한국 또는 한국인들을 보고, 만날 수 있는 기회를 만들었습니다.

そんな生活を續けて、少しづつ韓國や韓國人について みえてきた。

그런 생활을 반복해서 하다 보니 조금씩 한국과 한국인에 대해서 보이기 시작했습니다.

韓國人は、同性同士にしても、カップルにしても、すごく

スキンシップが、多いという事だ。例えば、カップルが、コーヒーショップにいる時、正面に向かって、話をするのではなく、隣に座って、腕を組んだり、肩を抱き合ったりして、話をしている姿を見て、正直驚いた。多分、日本では、あまり見る事のこうけいだと思った。

한국 사람들은 동성간이든, 연인 사이이든 상당히 '스킨십'이 많다는 것을 알았습니다. 예를 들어, 연인이 커피숍에서 정면으로 향해 이야기를 하지 않고 가까이 앉아서 어깨에 팔을 올리거나, 팔짱을 끼고 이야기를 하고 있는 모습을 보여 솔직히 많이 놀랐습니다. 일본에서는 별로 볼 수 없는 광경이기 때문입니다.

やがて、僕もいろいろな韓國の人達と會う機會が増え、酒を飲みながら、時間を過ごす時が増えた。

그리고 저도 많은 한국인의 친구들과 만날 기회가 많아졌고, 술을 마시면서 시간을 보낼 때가 많아졌습니다.

そこで、1番感じた事は、韓國の人って、遊びが徹底しているような感じがして、話をするのがすごく好きな人達だなぁって、あと、その時に 會った人といっしょに 樂しく時間を過ごそうという氣持ちがすごく感じた。

그곳에서 제일 느꼈던 것은 한국인들은 놀이에는 철저하

다는 생각이 들었고, 이야기하는 것을 정말 좋아하는 사람들이라고 생각했습니다. 그리고 그때 만났던 사람들과 함께 재미있게 시간을 보내고 싶다는 생각이 정말 들었습니다.

あっ、あと思ったらじっとしていられない、とも感じた。
(笑)
아~, 나중에 생각해 보니 가만히 있을 수 없다고 생각했습니다.(미소)

次の日に學校や、會社があっても、朝まで、飲みながら話をしたり、たとえ、
酒の席で、口論しても、次の日に、何もなかったように普通に話をしている姿を見て、何と言うかすごく人間らしいなぁって感じた。
다음날 학교, 또는 회사에 가야 하는데도 다음날 아침까지 술을 마시면서 이야기를 쉬지 않고 했습니다. 예를 들어, 술자리에서 이런저런 이야기를 해도 다음날 아무 일도 없다는 듯이 다시 일상으로 돌아가는 한국인을 보고, 뭐라 표현해야 좋을지는 모르겠지만 정말 인간적이라고 생각했습니다.

それと、韓國の人って淋しがりやが 多いみたいで、1人で居るのをあまり好まないみたい。だから、あまり、1人で食

事をする事を嫌がるじゃないかなぁとも思った。
　또, 한국 사람들은 모여서 다니는 것을 좋아하는 사람이 많은 것 같고, 혼자서 있는 것을 별로 좋아하지 않은 것처럼 보였습니다. 그러니까 혼자서 식사하는 것을 안 좋아한다고 생각했습니다.

　勿論、日本でもそうゆう人は、いるけど韓國よりは、多くないと思う。
　물론, 일본에도 그런 사람이 있긴 하지만, 한국 사람보다는 많지 않다고 생각합니다.

　まぁ、國が違うから、しょうがないけど。
　그것은 나라가 다르니까 별수없다고 생각합니다.

　あっ、もう1つ氣になった事(?)なんだけど、よく韓國の人って、「電話するね。」って言う人が多いじゃない？韓國に來た頃は、いつ電話くるんだろう？ずーっと待っている日があったんだけど、それは、あいさつ代わりなんだって分かったのは、ずいぶん後になってからだった。
　아~, 한 가지 더 기억이 남았던 일이 있는데, 한국 사람들은 "전화할게."라는 말을 하는 사람이 많지 않습니까? 한국에 와서 얼마 지나지 않았을 때는 언제 전화가 올 건가, 계속 기다리던 날이 있었지만, 그것은 인사 대신이란 것을 알게 된 것은 상당한 시간이 지난 다음이었습니다.

そんな經驗をしていくうちに、あぁ韓國の人ってその時の氣持ちを大事にするんだなぁって事にも氣が付いたんだ。
그런 경험을 거듭한 후 아! 한국 사람은 그때 그 기분을 아주 중요하게 생각한다는 생각이 들었습니다.

そういう所が分かってくると、同じ人間でありながら、文化の差ってすごく面白いなぁって思った。
그런 부분들을 알고 나서는 같은 사람이면서 '문화의 차이' 란 정말 대단하다고 생각했습니다.

勿論、納得できない時もある。
물론, 납득이 가지 않을 때도 있었습니다.

例えば、タクシー。
예를 들어, 택시입니다.

韓國に來て、半年位たった時、經驗したんだけど、キョデから、サダンまで、歩いた事が、あるんだ。
한국에 와서 반년이 지났을 때 경험한 일이긴 하지만, 교대 부근에서 사당까지 걸어간 일이 있었습니다.

特に午前０時から、１時３０分まで（特に週末）の乗車拒否は、正直いって、納得できない。
특히 오전 0시부터 1시 30분까지(특히 주말)의 승차거부는 솔직히 말해서 납득이 가지 않습니다.

タクシーのおじさんとやり取りをすると、どっかが客なのか分からなくなってくる時がある。
택시의 기사 아저씨와 거래를 하다 보면, 어느 쪽이 손님인가를 알 수가 없을 때가 있습니다.

勿論、中には、いいおじさんだっている。
물론, 개중에는 좋은 아저씨들도 있긴 하지만.

だけど、僕ら外國人の中では、１番評判が悪い。
하지만, 저와 같은 외국인들 중에서도 가장 평판이 좋지 않습니다.

惡すぎると思う。
이건 너무 지나치다 생각합니다.

納得できないのは、それくらいかなぁ。でも、僕自身は、比較的過ごしやすい國だと思っているんだ。

납득되지 않는 부분은 그 정도가 아닐까 생각합니다. 그래도 저 자신은 비교적 살기 좋은 나라라 생각하고 있습니다.

まぁ、まだ、韓國に來て2年しかたってないし、2年で、韓國を理解する事を表現するのが、難しって思っている。

그건, 겨우, 한국생활 2년으로 한국을 이해한다고 표현을 한다는 것은 어려운 일이라고 생각합니다.

もしかしたら、一生、住んでも理解する事を表現する事はできないかもしれない。

어쩌면 일생을 산다 해도 이해에 관한 표현을 한다는 것은 불가능하지 않을까 생각합니다.

韓國を理解するって事は、人それぞれ違うしね。

한국을 이해한다는 것은 사람마다 각자가 다르기 때문입니다.

まぁ、僕の場合は、もっと時間が必要だなぁって感じる。

음, 저의 경우는 좀더 시간이 필요하다고 느끼고 있습니다.

たださ、これだけは、胸を張って言えるんだよね。"俺、この國がすごく好きなんだー"

그냥 말입니다, 이것 하나만큼은 자신 있게 말할 수 있습니다. "저는 정말 한국을 좋아합니다."

それから、僕はまだ敎會には行ってないですが僕も行けるように努力します。

孫さん、今回の本の出版を本当におめでとうこざいます。日本語でも讀める日を樂しみにしっています。

그리고 저는 아직 교회를 나가지 않고 있지만 나갈 수 있도록 노력하겠습니다.

손동관씨, 이번 책 출판 진심으로 축하드립니다. 일본어로 읽을 수 있는 날을 기대하겠습니다.